LANGAGE CORPOREL

Comment analyser les gens en 2 secondes, dévoiler les menteurs et dominer la scène sans même ouvrir bouche

De

Michel Delacroix

Sommaire:

Les droits sont détenus par les respectifs auteurs et non par l'éditeur.

Mentions légales:

Ce livre est protégé par copyright. C'est seulement pour un usage personnel. Il est interdit de modifier, distribuer, vendre, utiliser, citer ou paraphraser toute partie du contenu de ce livre sans le consentement spécifique de l'auteur ou du propriétaire des droits d'auteur. Toute violation de ces conditions sera sanctionnée conformément à la loi.

Avertissement:

Veuillez noter que le contenu de ce livre est uniquement à des fins éducatives et de divertissement. Toutes les mesures ont été prises pour fournir des informations précises, actuelles et totalement fiables. Aucune garantie d'aucune sorte n'est explicite ou implicite. Les lecteurs reconnaissent que l'opinion de l'auteur ne se substitue pas à l'opinion juridique, financière, médicale ou professionnelle.

INTRODUCTION

Votre langage corporel dit beaucoup plus que vous pensez.

Il informe sur vos désirs, vos motivations, vos sentiments, il dit combien vous êtes confiant, combien vous êtes amical et disponible, combien vous êtes à l'aise avec le travail auquel vous aspirez, à quel point vous croyez que votre produit sert aux gens…

Et tout cela le dit sans que vous n'ouvriez la bouche!

Le langage corporel occupe une partie essentielle de l'impact que vous avez sur les gens avec lesquelles vous entrez en contact.

Maintenant, j'ai une question pour vous.

Qu'a dit votre corps la dernière fois que vous avez parlé à quelqu'un?

Eh bien, si vous êtes comme la plupart des gens, la réponse à cette question est probablement "je n'en ai aucune idée", et c'est normal ...

Mais tout cela est sur le point de changer!

Qui suis-je?

Je suis Michel Delacroix et je m'occupe de charisme, de leadership et de croissance personnelle. J'aide les gens à améliorer leur présence, leur crédibilité et autorité et à améliorer leur communication afin d'être plus persuasifs et influents dans leur contexte professionnel et personnel.

Les conseils et stratégies de communication non-verbales que je vais partager avec vous dans ce petit guide vous aideront à devenir un leader meilleur et un communicateur plus efficace.

Après avoir lu ce livre:

• **Vous serez plus conscient des messages que votre corps envoie lorsque vous vous taisez.**

• Vous découvrirez comment aligner vos mots avec le langage corporel afin d'orienter votre communication vers vos objectifs.

• **Je vais vous expliquer comment vos gestes, les espaces et même le ton de votre voix peuvent ajouter de la crédibilité à ce que vous dites.**

• Je vais vous dévoiler les deux ensembles d'indices non verbaux que nous recherchons chez les leaders

• **Vous découvrirez comment instaurer la confiance même lorsque vous n'êtes pas vraiment à l'aise**

Cela dit, le mieux que je puisse vous souhaiter est une bonne lecture!

J'ai hâte de partager ces astuces sur le langage secret du corps vous.

COMMENT INTERPRÉTER LA LANGUE CORPORELLE

DÉFINITION: *La communication non-verbale fait partie de la communication, en particulier c'est celle partie de la communication qui comprend tout ce que nous disons au-delà des mots que nous utilisons*

Il y a quelque temps, je me trouvais à une conférence de marketing où il y avait un très bon orateur ...

Il entretenait parfaitement le public: il a raconté de belles histoires, donné des exemples fantastiques et tout était assaisonné avec un subtil sens de l'humour.

En l'écoutant, j'ai regardé autour de moi et j'ai réalisé que la façon de communiquer de ce locuteur était bien aimée per les gens qui étaient dans la salle.

Puis soudain, l'orateur prend du recul, croise les bras et dit ...

"Y a-t-il des questions?"

Mais personne n'avait de questions ...

Et il encore (dans la même position) ...

"Je vous en prie! N'hésitez pas à demander! "

À ce moment-là, il y a eu un incroyable changement d'énergie dans le salon. On est passé d'une situation d'engagement à une situation d'incertitude. Le public qui jusqu'à il y a quelques moments avait été très attentif, semblait maintenant empêché de poser toute sorte de question.

Eh bien, à la fin de l'intervention je n'ai pas pu me passer de demander à la plupart des gens ce qui s'était passé.

Et fondamentalement, les réponses étaient de deux types:

Quelqu'un a répondu "Bah, je ne sais pas, je n'avais pas de questions" ...

Mais la plupart des gens ont répondu de cette façon: "Oui, en fait j'aurais aimé poser des questions, mais je me sentais un peu stupide, un peu coincé, pour poser des questions."

Ce qui est incroyable, c'est que PERSONNE n'a remarqué les bras croisés de l'orateur ...

Alors, comment un geste aussi simple (que le public, d'ailleurs, n'avait même pas remarqué) pouvait-il avoir un impact aussi immédiat?

La science continue de découvrir de plus en plus de pertinences sur la façon dont notre langage corporel influence nos comportements.
Les études de psychologie évolutive montrent comment nos cerveaux sont câblés pour répondre aux signaux non verbaux, même si nous ne le réalisons pas pleinement.

Tout le monde exprime avec son langage corporel chaleur, enthousiasme, mais aussi indifférence, arrogance et déception, et nous le faisons, je le répète, à travers la posture, les expressions faciales, les gestes et l'utilisation de l'espace.

La clé pour être un excellent communicateur est de comprendre immédiatement que l'impact de ces gestes dépend TOTALEMENT de la façon dont les gens décident de les interpréter et TRÈS PEU de ce que vous vouliez dire.

L'orateur précédent devait donc se rendre compte que le public avait inconsciemment lu ses bras fermés et son pas en arrière comme signe de fermeture et de non disponibilité pour les questions, pas un signe d'ouverture!

Une étude très célèbre concernant l'importance de la communication non-verbale (souvent mal interprétée) est celui du psychologue Albert Mehrabian.

Cette étude a mis en évidence que l'impact total d'un message est basé seulement au 7% sur les mots que nous utilisons lors du dialogue.

Les expressions faciales et le langage corporel sont beaucoup plus importants, responsables de 55% de la communication!

Ensuite, il y a la voix, responsable du restant 38%.

Bien sûr, cette étude a évidemment des limites car vous ne pouvez pas écouter une personne qui parle une langue étrangère et comprendre 93% de ce qu'il dit simplement en observant son langage corporel.

En fait Mehrabian était en train d'étudier la communication des émotions, en particulier les sentiments de sympathie et d'antipathie.

Mais au-delà des pourcentages, nous devons nous rendre compte que notre corps communique BEAUCOUP PLUS que nos mots.

Exemple.
Si maintenant je te disais "Hé, j'ai une chose importante à te dire!" en agitant les mains et en ouvrant grand les yeux pendant que je souris, il est clair que ce serait très différent de vous dire la même chose en regardant vers le bas, cambrant vos épaules d'un air triste.

Je vous dirais deux choses différentes:

1. Dans la première déclaration, je vous dirais de bonnes nouvelles

2. Dans la deuxième déclaration, je vous en dirais de mauvaises

Je viens de changer le langage corporel et le préverbal.

Même phrase, résultats différents.

Mais revenons à Mehrabian et à son étude sur les émotions.

Pourquoi est-il si important?

Parce que les émotions sont un élément fondamental de votre impact en tant que leader charismatique, et en plus les émotions sont TRÈS CONTAGIEUSES.

Nous avons tous tendance à imiter inconsciemment les postures et les expressions de ceux avec qui nous sommes en relation ou de ceux avec qui nous travaillons ...

Et si vous voulez être un leader meilleur, sachez que toute émotion que vous montrez (enthousiasme ou dégoût) amènera les gens autour de vous à refléter ou copier automatiquement cette expression.

Et ce n'est pas seulement une réponse physique, car cette expression faciale déclenchera également une réaction dans le corps et l'esprit.

C'est pourquoi sourire à quelqu'un peut égayer sa journée, tandis que les regards en colère vont l'inquiéter.

Le langage corporel joue un rôle crucial pour s'assurer que les gens autour de vous comprennent VRAIMENT quel message vous souhaitez transmettre.

Si vous avez des collaborateurs ou gérez des gens et vous avez l'intention de parler de nouvelles initiatives ou de changements (ou que vous avez seulement de mauvaises nouvelles à donner), mon conseil est de le faire TOUJOURS en personne parce que vous devez vous souvenir que c'est seulement lors des réunions en face à face que notre cerveau traite ces indices non verbaux que nous utilisons comme base pour instaurer confiance et intimité, tous deux cruciaux pour la persuasion et une bonne communication.

ERREURS COURANTES QUAND ON LIT LE LANGAGE CORPOREL

Le langage corporel a été notre première forme de communication.

Souvent dans le monde primitif et hostile, nous n'avions qu'une fraction de seconde pour comprendre si celui qui était devant nous était plus ou moins dangereux, et au cours du temps nous avons développé un système interne qui nous a servi à décoder ces signaux du corps et que nous aident à former des impressions rapides et instinctives.

Mais même s'on parle d'une capacité innée, pas toutes nos impressions sont correctes!

Le monde a en effet changé, nous ne vivons plus dans des grottes, mais notre capacité à lire les signaux corporels est toujours basée sur cette réaction émotionnelle primitive et n'a pas beaucoup changé depuis lors.

Considérez que nous faisons tous des erreurs lors de l'interprétation du langage corporel, résultant en une mauvaise compréhension de nos signaux.

Il y a 5 erreurs TRÈS IMPORTANTES que vous faites lors de l'interprétation du langage corporel.

1. RECHERCHER LE NÉGATIF

Notre esprit accorde beaucoup plus d'attention aux signaux négatifs qu'aux signaux positifs.

C'est précisément pour cette raison que les personnes avec lesquelles nous interagissons sont principalement en alerte pour ce qui concerne nos erreurs et en remarquant nos problèmes.

Par exemple, vous pourriez croiser les bras parce que vous vous sentez plus à l'aise de cette façon ou parce que vous avez peut-être froid, mais ne soyez pas surpris si les gens interpréteront ce geste comme un signe de fermeture.

2. NE PAS CONSIDÉRER LE CONTEXTE DANS LEQUEL LA CONVERSATION SE PASSE

Vous ne pouvez pas vraiment comprendre le langage non verbal si vous ne tenez pas compte des circonstances dans lesquelles les gestes se produisent.

C'est ce qu'on appelle le «contexte» et c'est ce mélange de variables allant de la position sociale, aux relations, à l'heure de la journée, aux expressions faciales, jusqu'à la température ambiante.

Et selon le contexte, le même signal non verbal peut avoir une signification complètement différente.

Si par exemple vous voyez quelqu'un assis et voûté serrant ses jambes, il envoie un certain type de message s'il est assis dehors sur un banc et il fait froid.

Un autre type de message aurait le même geste si cette personne était assise à son bureau, car le premier geste disait "j'ai froid", le second "j'ai des ennuis".

Bien sûr, il y a des contextes évidents comme dans l'exemple que je viens de faire, mais parfois il y a des contextes dans lesquels ce n'est pas immédiatement intuitif.

Par exemple, si vous êtes à une réunion et bâillez parce que vous vous êtes réveillé tôt pour terminer un projet, VOUS DEVEZ LE FAIRE SAVOIR, sinon ils peuvent penser que vous ETES ennuyé.

3. DONNER UN SIGNIFICATION À UN SEUL GESTE

Peut-être que nous avons lu un livre où il était écrit que les bras croisés signifient fermeture et à partir de là nous étiquetons ce type de geste comme tel.

En réalité, un seul geste ne signifie ABSOLUMENT RIEN et trop souvent nous attribuons un sens à des choses qui ne sont peut-être pas pertinentes.

En réalité, les signaux non verbaux se produisent dans ce que nous appelons un **ensemble de gestes**, un groupe de gestes qui se renforcent mutuellement (mouvements, postures et actions).

Un seul geste peut avoir plusieurs significations ou, je le répète, il ne peut absolument rien signifier.

Par exemple, si au cours d'une conversation vous commencez à regarder l'horloge, vous pouvez le faire pour mille raisons ...

Mais si vous ajoutez à l'horloge peut-être un regard à la porte et vous tambourinez les mains sur le bureau ou vous frottez les jambes, ce groupe de gestes signifie probablement que vous avez fini de parler et que vous avez hâte de partir.

Si, en revanche, vous n'avez regardé l'horloge qu'une seule fois sans ce groupe de gestes, n'oubliez pas que les gens peuvent peut-être mal interpréter ce seul geste.

Donc, si vous avez seulement regardé l'horloge pour vous assurer que vous étiez à l'heure pour le prochain rendez-vous, je vous recommande de le faire savoir.

4. NE PAS CONSIDÉRER LA LIGNE DE BASE

Observer comment une personne se comporte normalement aide à identifier quels sont les changements importants par rapport à ce **comportement de base**.

Par exemple, si votre interlocuteur plisse son nez en riant, c'est son comportement de base et ce n'est certainement pas à lire comme un dégoût.

5. LES GENS ÉVALUENT ET JUGENT À TRAVERS UNE SÉRIE DE PRÉJUGÉS

Oui, les gens évaluent et jugent à travers une série de préjugés.

Et lorsque les préjugés rament en votre faveur, on parle d'**effet de halo** (ou halo effet), et donc tout va bien.

Mais les préjugés peuvent également vous opposer.

Si par exemple vous ressemblez à quelqu'un que votre interlocuteur méprise, alors VOUS ÊTES DANS LE PÉTRIN!

Bien sûr, cela peut changer avec le temps, mais vous pouvez être sûr que les premières interactions avec vous seront négatives à cause de cette première impression.

Les préjugés culturels sont puis ces valeurs partagées qui définissent quels comportements non verbaux sont bons et lesquels sont mauvais. De la façon dont vous saluez à la quantité d'émotions montrées, du toucher à l'espace, jusqu'à la façon dont vous regardez les gens!

Eh bien, tous ces comportements peuvent être corrects dans une culture et mauvais dans une autre.

Maintenant, pensez ...

Vous souvenez-vous des moments où votre langage corporel a été mal compris?

Peut-être un entretien d'embauche qui ne s'est pas bien, ou peut-être un malentendu avec votre conjoint.

Nous avons tous des messages non verbaux qui peuvent être mal interprétés et avons envoyé des signaux erronés.

Que pensez-vous pourrait être les vôtres?

ÉLÉMENTS DU LANGAGE CORPOREL

Il y a beaucoup de garçons qui me suivent qui ont abordé ce monde fascinant après avoir regardé le célèbre film "Lie to me", qui, bien qu'il n'ait mis qu'une des nombreuses facettes du langage corporel (les micro-expressions faciales) sur grand écran, a suscité beaucoup d'intérêt.

Pourquoi?

Parce qu'au fond ce spectacle répond à un besoin très fort inhérent à chacun de nous qui nous pousse à vouloir comprendre les gens, à vouloir savoir ce qu'ils pensent et à comprendre les mensonges cachés entre le dit et le non-dit d'une phrase.

Ceci, comme je l'ai dit, n'est qu'une petite partie de la communication non verbale qui est non seulement liée à «comprendre si cela me ment», mais est également fortement liée aux relations quotidiennes, à la persuasion et à la négociation.

Et il est très important d'avoir les compétences que je vais vous enseigner dans ce livre car la négociation n'est pas seulement liée à la vente mais à toute notre vie.

On négocie quand on va au marché.

On négocie lorsqu'on parle à un ami.

On négocie quand' on se batte.

On négocie quand' on veut séduire le conjoint.

Et bien ... se négocie toujours!

Et c'est précisément pour cette raison qu'il est très important d'apprendre l'art du langage non verbal et donc de la négociation, car cela vous donnera un avantage inégalé devant ceux que vous rencontrerez d'ici aux 10, 20, 30, 100 prochaines années.

La communication non verbale est une qualité ESSENTIELLE.

Oui, nous ne pouvons pas nous passer de cette qualité car « non verbale = succès », et si vous voulez réussir dans la vie, il est essentiel de savoir ce qui se cache derrière les actions des autres.

Croyez-moi, vous ne réussirez jamais dans la vie si vous ne connaissez pas le langage corporel parce que vous pouvez avoir toutes les capacités rhétoriques que vous souhaitez, mais si vous n'implémentez pas un autre type de communication qui améliore votre message, vos chances de succès seront à ZERO.

La communication non verbale se compose de ces 6 éléments:

• **Physiognomonie**

• **Expressions faciales**

• **Posture**

• **Mouvements corporels**

• **Proxémique**

•**Voix**
Maintenant, réfléchis à ça ...

Il est certain qu'au moins une fois dans votre vie vous avez parlé à quelqu'un et vous avez trouvé d'autres pensées qui n'avaient peut-être rien à voir avec la personne à qui vous parliez ...

Peut-être que vous vous êtes disputé avec votre conjoint, peut-être que vous pensiez si vous aviez coupé le gaz à la maison, peut-être que vous rêvassiez, etc.

Et sûrement la personne devant vous vous a regardé et a dit "Désolé, y a-t-il quelque chose qui ne va pas?" ...

Ici, c'est très intéressant parce que, que vous le vouliez ou non, les gens remarquent naturellement ce qui se passe dans notre esprit en nous regardant.

Disons-le de cette façon.

Ce que je vais vous expliquer dans ce livre, ce sont les CODES que la psychologie a donnés au fil du temps à certains de nos comportements, même si les DECODES (c'est-à-dire l'interprétation du langage corporel) sont assez réussis au niveau instinctif.

Avez-vous déjà entendu une personne parler et penser "Il a dit de belles paroles mais... Il y a quelque chose qui ne m'a pas convaincu ..."?

Ici, dans ce cas, il y avait une DÉCONNEXION entre ce qu'il a dit d'un point de vue verbal et ce qu'il n'a pas dit d'un point de vue non verbal.

Et vous l'avez compris!

Les femmes, malheureusement pour nous les hommes, sont capables de le faire de manière un peu plus instinctive. Ils ont des "récepteurs" plus développés en ce qui concerne les mensonges.

Dans ce livre, je vais non seulement expliquer comment identifier ce que les autres pensent en lisant leur langage non verbal, mais après avoir lu ces lignes, vous pourrez également comprendre ce que votre langage corporel suscite chez vous.

Oui, parce que nous sommes habitués à penser qu'une certaine humeur provoque une certaine posture (si je suis déprimé, je vais avoir une posture fermée, si je suis heureux, j'en aurai une ouverte, etc.), mais ce que l'Université de Harvard a découvert, c'est que en réalité c'est aussi la posture qui influence l'humeur des gens!

POSTURE

POSTURES FERMÉES ET OUVERTES

Sans trop s'étendre, les études ont montré qu'il existe essentiellement deux types de postures:

1. Fermées

2. Ouvertes

Mais ... Attendez une minute ...

Avant de continuer, vérifiez votre posture dès maintenant ...

Peut-être que vous êtes détendu et allongé sur le canapé en lisant ce livre ...

Ou vous avez une posture légèrement voûtée parce que vous y êtes habitué ...

Eh bien, si vous tombez dans la deuxième catégorie, vous ne serez pas heureux de savoir qu'une position fermée peut changer radicalement votre humeur.

En particulier, la posture modifie les hormones de notre corps parce que lorsque nous nous sentons forts et sûrs de nous-mêmes, nous avons des niveaux de testostérone significativement plus élevés que d'habitude, et puisque nous nous sentons en sécurité nous ne sommes pas soumis au stress et donc nos niveaux de cortisone sont très bas parce que nous ne nous sentons pas attaqués, nous nous sentons calmes.

C'est précisément pour cette raison que l'hypothèse d'une posture fermée fait exactement l'effet inverse.

En fait, les études de Harvard ont montré qu'il suffit de maintenir une posture fermée pendant SEULEMENT 2 MINUTES pour que notre testostérone chute de façon spectaculaire et que le cortisol augmente montrant un état de forte tension.

Au lieu de cela, il est apparu que, si vous prenez une position ouverte et détendue, en 2/6 minutes, la testostérone augmente de + 20% et le cortisol diminue parce que vous vous sentez plus fort.

Regardez cette photo...

Ce sont les classiques postures "confortables" que vous aussi aurez sûrement eues au moins une fois dans votre vie.

Mauvaises nouvelles…

CES POSTES CHANGENT D'HUMEUR!

Par exemple, si vous entrez dans une salle où il y a une fête et vous ne connaissez personne, le but est évidemment d'interagir avec d'autres personnes et d'avoir une belle présence afin de faire bonne impression …

Ici, lorsque vous entrez dans un nouvel endroit, votre instinct est de vous "protéger".

Êtes-vous déjà entré dans un endroit où vous ne connaissez personne et donc vous avez ressenti le besoin impérieux d'avoir un objet entre vos mains pour vous protéger? Un verre?

Je ne sais pas si vous vous reconnaîtrez dans cette figure, mais avez-vous déjà vu ces gars timides qui passent leurs soirées dans la discothèque avec leurs boissons à la main attachées au comptoir du bar?

Ici, c'est une forme de fermeture.

Une autre chose très courante ... LE PORTABLE!

Combien de fois, vous retrouvant au milieu de tant de gens, avez-vous sorti votre portable et vous taisez en faisant semblant de discuter?

Je t'ai eu!

Eh bien, vous serez intéressé de savoir que prendre une position comme celle-ci ne fait qu'aggraver la situation de timidité dans laquelle vous vous trouvez encore plus mal à l'aise ... Et plus vous êtes dans cette position, plus votre cortisol augmente et plus vous vous sentez frustré et plus vous vous sentez frustré ...

Ici ... Vous comprenez ...

Maintenant, voulez-vous mes conseils impartiaux?

N'utilisez pas le téléphone en présence d'autres personnes!

Imaginez entrer dans une clinique et devoir vous asseoir au fond du couloir car toutes les autres chaises sont occupées ...

Vous ouvrez la porte de la salle et mentionnez un "Bonjour" timide et fermé à toutes les personnes présentes ...

Il y a une gêne absurde dans ces moments, non? Quand vous devez traverser le couloir et tout le monde vous regarde ...

Ici, vous traversez la pièce et vous devenez tout petit et marchez comme Sylvester Cat vers votre chaise et, comme si cela ne suffisait pas, vous sortez votre téléphone et commencez à discuter parce que vous vous sentez extrêmement gêné.

Solution?

N'utilisez pas le téléphone!

Ou si vous devez vraiment utiliser un objet pour vous "protéger" de la pression sociale, savez-vous ce que vous pouvez faire?

Lire un journal!

Le journal ne vous amène pas à prendre une position fermée car vous pouvez le garder parallèle à votre poitrine et le lire les épaules larges et... En 2 minutes vous vous sentirez immédiatement mieux!

La testostérone augmente, le cortisol diminue.

Je vais vous donner un autre exemple.

Pensez à toutes les fois où un étudiant est confronté à un examen oral à l'université!
Dans la classe amère où se déroulent les questions, les élèves écoutent souvent les conférences des enseignants en se fermant sur leur téléphone portable pour l'anxiété, tout en écoutant les questions posées à leurs compagnons.

Ici, cela ne favorise pas l'état mental avec lequel ils viendront s'asseoir devant le professeur pour passer le test. Une posture fermée encouragera leur anxiété.

Au contraire, une posture ouverte et détendue favorisera la préparation mentale de l'élève au questionnement.

Comme vous l'avez vu, il est donc essentiel de changer de posture.

Voici les bonnes postures:

La fille que vous voyez ci-dessous prend ce que les scientifiques de l'Université de Harvard appellent "Position de Wonder Woman" ou "Wonder Woman position".

C'est une excellente position pour augmenter votre niveau de testostérone. Il ne faut que 2 minutes pour l'augmenter.

Astuce: *Avant de sortir avec une fille, aller à un entretien d'embauche, à une interrogation ou dans toute situation où le charisme et la*

N.B. Étant donné que prendre ces positions en public peut sembler étrange aux yeux des spectateurs, si vous êtes dans un lieu public vous pouvez aller aux toilettes et vous asseoir dans l'une de ces positions pendant au moins 2 minutes.

Le même conseil s'applique au réveil.

Lorsque nous nous réveillons tôt le matin, nous luttons parce que nous croyons dans nos têtes que se lever tôt le matin nous fatigue davantage et donc il nous prend beaucoup de temps pour être actif.

Solution?

Prenez l'une de ces trois positions pendant deux minutes (si votre conjoint sait ce que vous faites, faites-le avec lui, sinon, enfermez-vous dans la salle de bain), vous vous sentirez beaucoup mieux.

Je voudrais maintenant faire une mise en garde concernant la position ouverte.

Si vous êtes en public et vous prenez une position ouverte (debout avec les épaules larges, la poitrine dégagée et les jambes écartées parallèlement aux épaules), faites très attention à la position de votre menton.

Votre menton doit être parallèle au sol car s'il était trop haut, il projetterait une image d'arrogance envers les autres.

Dans mes conférences en classe, j'ai tendance à montrer de nombreuses vidéos liées aux politiciens parce qu'elles en sont le meilleur exemple.

Le fait d'élever le menton en signe de supériorité a des racines génétiques précises car près du cou se trouve une artère très importante, la jugulaire, qui est une partie très délicate de notre corps.

En fait, lorsque nous nous sentons tendus, nous avons tendance à baisser le cou et à relever nos épaules en défense, lorsque nous sommes gênés, nous caressons le cou avec la main pour couvrir cette partie sensible et ainsi de suite.

Si un individu se sent supérieur à un autre, en revanche, il a tendance à montrer son cou parce qu'au niveau primordial il sait qu'il ne sera pas attaqué par son prochain ou parce qu'il gagnera l'affrontement.

Gardez donc un œil sur le cou car c'est un signe de sagesse. Si vous êtes petit ... Et bien ça ne compte pas!

La posture ouverte et correcte par excellence est, pour conclure, le menton parallèle au sol, la poitrine sortie et les bras bien tendus sur les côtés, ouverts.

———

47

BRAS CONSERVÉS

Je vais vous dire tout de suite, même si selon certaines recherches, il est apparu que les bras croisés abaissent la testostérone, mais ils NE SIGNIFIENT PAS FERMETURE!

Comme vous pouvez le voir, la fermeture des bras peut:

• **Rien signifier** (comme dans la première image du monsieur en costume-cravate)

• **Montrer le pouvoir** (Mussolini)

• **Défi** (en haut à droite)

• **Dégoût** (en bas à gauche)

• **Besoin de protection** (fille en bas à droite)

Les bras croisés peuvent signifier beaucoup de choses TOUTEFOIS, <u>ce n'est pas un bon moyen pour parler aux gens.</u>

Une étude très intéressante a révélé que pour les personnes impliquées dans un processus d'apprentissage (enfants suivant une leçon, étudiants lors d'un séminaire, etc.), leurs bras croisés ne facilitent pas la compréhension des concepts expliqués, au contraire, ils réduisent leur 20% d'apprentissage.

Mais quels sont les bras croisés que nous n'aimons pas?

Eh bien, ceux que vous voyez dans l'image ci-dessous

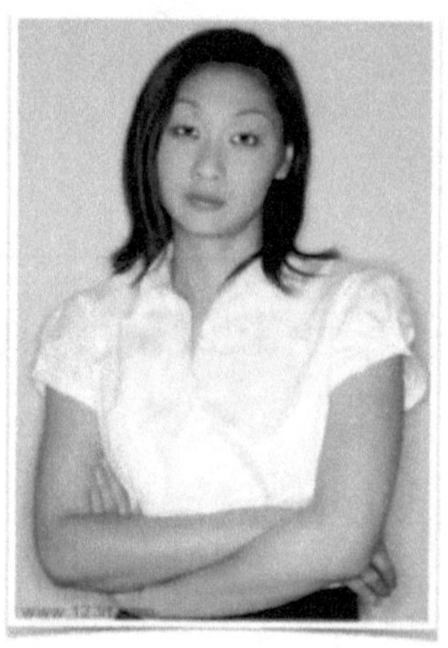 

Ce sont deux types d'armes croisées extrêmement différentes:

La première fille à droite comme vous pouvez le voir a une expression faciale très tendue qui communique un défi, la seconde a une expression de déception, un peu comme ce que les femmes font aux maris qui ont causé des problèmes...

Ici, comme vous pouvez le voir, les significations des positions du corps varient en fonction de la façon dont elles sont mélangées, de sorte que des milliers de significations peuvent découler de deux bras croisés.

Et cela vaut non seulement pour les bras mais aussi pour toutes les expressions de notre corps.

En règle générale, cependant, je peux vous dire qu'il vaut mieux garder les bras ouverts et non pliés, quel que soit le message que vous souhaitez communiquer.

Habituez-vous à garder vos bras détachés de votre corps, aussi parce que si vous avez l'habitude de garder vos bras croisés vous pouvez être sûr que lorsque vous êtes gêné, vous aurez tendance à les garder pliés et lorsque vous essayez de vous montrer plus détendu et à l'aise en essayant d'étirer vos bras à vos côtés, vous apparaissez contre nature parce que vous n'êtes pas habitué aux faucons.

Exercice: habituez-vous à garder vos bras à vos côtés, où que vous soyez.

Maintenant, vous vous demandez "D'accord, mais que m'importe des bras croisés?"

Bien connaître la signification des bras croisés est important car lors d'une négociation, si une fois que j'ai proposé le prix de ce que je veux vendre mon interlocuteur croise les bras et fait un très léger mouvement de recul il y a un problème!

Même si celui qui est en face de moi exprime son intérêt pour ce que je lui propose en disant "Intéressant, ça me semble un bon prix" mais fait ce que j'ai dit dans les lignes ci-dessus, ça veut dire qu'il y a quelque chose dans ce que tu as dit que ne revient pas.

Et que pouvez-vous faire avec ces informations?

Eh bien, cette information est un énorme avantage concurrentiel parce que parfois, lorsque nous parlons, les gens écoutent et manifestent souvent dans le langage corporel une déception non encore consciente et inconsciente.

Le langage corporel a déjà donné son avis négatif sur notre déclaration mais cette chose n'a pas encore été traitée rationnellement par notre cerveau, nous donnant quelques secondes (sinon une minute) d'avantage pour résoudre l'objection qui a été créée chez le client.

Alors que faire?

Penser à notre langage corporel et à celui de l'interlocuteur pendant toute la conversation est une folie, cela ne peut pas être réalisé car nous perdons complètement le sens de la conversation ; toutefois, si lorsque vous parlez à une personne vous faites attention à son langage corporel de manière chirurgicale, c'est-à-dire dans les parties saillantes de la conversation, vous pouvez ajuster le tir et parvenir à un compromis gagnant-gagnant.

Voici quelques façons dont le corps répond à une question importante lors d'une conversation:

• **Étirer le corps vers l'avant:** il indique l'assentiment

• **Ramenez légèrement le corps en arrière** (en l'absence d'expressions faciales particulières): indique une dissidence

• **Croisez vos bras tout en ramenant votre torse en arrière:** indique une forte dissidence

Exemple.

Vous parlez à un client.

Vous lui dites que le produit xyz coûte 50.

Il se rétracte, croisant les bras.

C'EST CLAIR que le prix n'est pas bon pour lui!

Et il est inutile d'essayer de le retourner (comme j'entends souvent dans certains séminaires de techniques de vente) car si une personne pense qu'un produit est cher ... C'EST CHER!

Et il n'a aucun sens d'essayer de le convaincre car il y a des conflits de communication qui mènent à néant la négociation.

Que faut-il faire à la place?

Eh bien, vous devez anticiper votre langage corporel avec des mots disant:

"Certaines personnes, quand elles entendent le prix, le trouvent élevé, mais vous devez tenir compte du fait que ... (avantages du produit)"

Alors, que sous-communiquons-nous?

Nous sous-communiquons que "Oui, vous avez raison de penser que le prix est élevé d'après les premières informations que je vous ai données, mais maintenant que je vous en ai fourni d'autres, donc le prix vaut probablement la peine d'acheter le produit!"

De cette façon, la personne se sentira comprise et appréciée et cette lutte ridicule vendeur-client des années 40 n'aura pas lieu !

N.B. *Si l'interlocuteur a les bras croisés depuis le début de votre conversation, ne* *vous inquiétez pas et continuez à parler normalement car cela signifie que c'est une attitude qui reflète la normalité.*

Concentrez-vous uniquement sur les CHANGEMENTS.

GESTES ET ÉNERVEMENT : COMPREND LE BLUFF ET DÉMASQUE N'IMPORTE QUI

Chaque fois que nous sommes mal à l'aise (parce que nous sommes tendus, stressés, nerveux ou peut-être que nous avons menti), nous avons tendance à manifester une sorte de démangeaison sur toute la zone du visage.

En général, lorsque les mains vont au visage, il y a une situation inconfortable.

L'expression «me démange le nez» fait souvent référence à la déception ressentie par une personne par rapport au discours de quelqu'un d'autre.

Maintenant, si une personne est refroidie, ce n'est pas le cas de penser à la déception, mais en principe c'à quoi le dicton fait référence est vrai.

Je vous rappelle que le langage corporel doit TOUJOURS être contextualisé.

En fait, si vous voyez une femme assise avec ses bras croisés, ses jambes croisées, ses épaules étroites et son menton baissé, elle est probablement en phase de fermeture ; mais il est également vrai que si c'est l'hiver, il est 5 heures du matin et elle est à l'arrêt de bus, peut-être qu'il a seulement froid!

En tout état de cause, en l'absence d'autres données, le risque de tomber dans l'erreur est beaucoup plus élevé.

En fait, lorsque l'émission télévisée "Lie to me" a été diffusée pour la première fois en Italie, le Web s'est soudainement déchaîné. Tout le monde est devenu expert en langage corporel en tentant d'analyser les gens et en décontextualisant les signaux du corps pour trouver le pourri chez les gens.

C'est faux.

Comme je dis dans mes cours, le langage corporel est beaucoup plus complexe et articulé et pour bien l'analyser, vous devez considérer plusieurs facteurs en même temps, et LA CHOSE LA PLUS IMPORTANTE à faire est d'observer le CHANGEMENT du langage corporel chez la personne avec qui vous parlez.

Mais revenons à nous ...

On disait qu'il y a différents gestes de nervosité comme toucher le nez, se gratter la nuque, se gratter l'oreille, etc. ...

Ici, je les appelle des gestes de nervosité parce que dans certains livres un auteur a pris la licence poétique pour relier certains gestes aux mensonges. Par exemple, ces auteurs lient la main au nez avec des mensonges ...

Est-ce que cette chose a du sens?

À mon avis, non.

La main sur le nez est certainement un signe mais ne peut pas être cataloguée comme un mensonge comme s'il s'agissait d'un dogme.

Exemple.

Si je vous dis «Où étiez-vous hier? Au pub avec des amis? " Et vous répondez "Oui j'étais au pub avec des amis" en portant votre main à votre visage et en vous grattant le nez, c'est une information que je prends en compte mais il n'est pas dit que ce que vous avez dit est un mensonge.

Est-ce que cette sensation de démangeaison qui est venue à votre nez signifie que vous me mentez et que vous n'êtes pas allé au pub?

Ou êtes-vous allé au pub mais vous avez pensé que vous aviez fait quelque chose que vous n'aviez pas à faire?

Il peut y avoir mille raisons pour lesquelles vous avez fait ce geste.

Vous ne saurez jamais, ce qui est certain, c'est qu'un tel geste peut être retracé

LA PIRE QUE VOUS POUVEZ FAIRE quand une telle situation se produit est de se rapprocher de la personne et de dire "Quelque chose ne va pas ????".

Ici, c'est ce que j'appelle "faire du méta théâtre", ou révéler à la personne devant vous la pensée qui vous traverse vraiment la tête.

Faire du méta théâtre («révéler ce qui se cache derrière le spectacle de théâtre»), c'est comme dire aux gens «ICI! JE T'AI ATTRAPÉ! JE SAIS QU'IL Y A QUELQUE CHOSE DE FAUX! "

Aucun de nous n'aime être pris au dépourvu, et je vous assure que cela entraînera le déclin total de votre conversation car votre interlocuteur se sentira obligé de garder le masque de "tout va bien" afin de ne pas se contredire.

C'est une chose génétique, vous ne pouvez rien y faire. Aucun de nous n'aime se contredire.

La meilleure chose que vous puissiez faire est de comprendre ce que vous disiez au moment de la réaction instinctive de votre interlocuteur et de comprendre ce qui n'allait pas avec votre argument afin d'ajuster le tir et peut-être aussi de résoudre l'objection selon laquelle vous est en avance va vous faire.

RÈGLE:
• *Comprenez quel est le but de votre conversation*
• *Comprenez quel chemin vous voulez prendre pour obtenir ce que vous voulez*
• *Ajustez votre tir en regardant le langage corporel de votre interlocuteur*

Notez ceci.

Chaque fois que vous écoutez quelque chose que vous n'aimez pas à la télévision ou à la radio, vous ressentez une sorte de démangeaison au niveau de la tête.

Le pire signal de tous est de caresser l'arrière de votre cou car en correspondance avec une question sèche si l'interlocuteur amène sa main vers le cou près de la nuque cela signifie que vous protégez votre jugulaire et donc vous vous sentez très en insécurité car quelque chose est arrivé qui ça ne marche pas.

Comme d'habitude, lorsque nous parlons de mensonges nous ne savons pas si les gens mentent parce qu'ils mentent et s'ils doivent être considérés comme des gestes de mensonge car il est possible de recourir à la fameuse ERREUR D'ORTHELLO (syndrome d'Othello).

ERREUR D'OTHELLO

La personne ment-elle parce qu'elle est coupable et a peur d'être découverte ou est-elle innocente et a peur de ne pas être crue?

Les signes du langage corporel liés à un mensonge sont toujours les mêmes, que vous reveniez à l'option 1 ou à l'option 2, vous n'avez donc pas à rester là pour saisir la pourriture de tout, mais simplement souligner que c quelque chose ne va pas.

Sachez que dans tous les cas, le geste de caresser l'arrière de votre cou est un signe de fort inconfort et est un geste que beaucoup de femmes font quand elles sont gênées.

En fait, chez la femme, ce geste est surtout accentué dans deux cas:

1. Dans une première présentation
2. Dans une attaque de conversation (comparaison verbale)

Donc, si vous êtes une femme, gardez les mains vers le bas de votre cou, car ce faisant vous manifesterez un état d'insécurité PROFONDE.

Un conseil?
Lorsque vous faites une promenade, regardez autour de vous. Ne gaspillez pas ce milliard

d'informations autour de vous. Regardez leur langage corporel et essayez de comprendre leur humeur.

Vous constaterez que vous pouvez apprendre tant de choses simplement en observant le comportement des autres

<u>Mais voyons maintenant quels sont les gestes généralement liés aux mensonges et comment les identifier...</u>

Nous avons déjà fait référence aux gestes de nervosité, alors rappelez-vous que si quelqu'un agite, transpire ou respire irrégulièrement, il peut simplement être nerveux.

Comme je vous l'ai répété plusieurs fois, en fait, il faut aller lentement avec l'analyse des gens car chaque geste doit être contextualisé correctement

Cependant, si vous remarquez certaines de ces sonnettes d'alarme, considérez-les.

Ils peuvent en effet vous aider à démasquer un menteur qui essaie de vous arnaquer.

1. LA PERSONNE QUI VOUS PARLE BOUGE LA TÊTE DE SERRURE

Si vous voyez quelqu'un **bouger brusquement la tête** lorsque vous lui posez une question directe, il se peut qu'il vous mente à propos de quelque chose.

Cela se produit généralement un moment avant que la personne doive répondre à la question.

2. CHANGE LE RYTHME DE LA RESPIRATION

Lorsque quelqu'un vous ment, il peut commencer à **respirer fortement.**

Lorsque la respiration de votre interlocuteur change, ses épaules se lèvent et sa voix peut devenir faible.

Fondamentalement, ceux qui sont devant vous sont essoufflés car leur fréquence cardiaque et leur flux sanguin changent.

Le corps subit ce type de changement quand on est nerveux et tendu, donc quand on ment.

3. RÉPÉTE DES MOTS OU DES PHRASES

Cela se produit parce que celui qui est devant vous **essaie de vous convaincre et de se convaincre** de quelque chose.

En fait, les gens qui mentent font tout ce qu'ils peuvent pour «se convaincre» que ce qu'ils disent est vrai parce que sinon ils le sentiraient immédiatement et interpréteraient parfaitement leur rôle d'acteurs!

La répétition est aussi un moyen pour prendre du temps, afin qu'ils puissent mieux recueillir les pensées.

TECHNIQUE: *Quand vous pensez que quelqu'un n'est pas sincère, essayez de les bombarder de questions et voyez comment ils réagissent ... S'ils répondent plus lentement que d'habitude, alors ils peuvent mentir.*

4. IL COUVRE INSTINCTEMENT LES PARTIES DU CORPS VULNÉRABLES

Nous avons déjà parlé de comme mettre **les mains à la gorge** est un geste de nervosité ou de vulnérabilité.

Cela pourrait inclure des parties telles que la gorge, la poitrine, le cou, la tête ou l'abdomen.

5. TOUCHE OU COUVRE LA BOUCHE

Ceux qui mentent ont **souvent tendance à porter involontairement la main à la bouche** comme s'ils ne voulaient pas vous révéler que ce qu'ils disent n'est pas vrai.

Quand quelqu'un met ses mains sur ses lèvres, ça signifie qu'il ne dit pas tout et qu'il ne veut tout simplement pas dire la vérité. Il ferme littéralement son principal canal de communication.

6. FAIT GLISSER LES PIEDS

Tirer les pieds nous dit que le menteur potentiel est mal à l'aise et nerveux. Cela montre également qu'il ou elle veut abandonner cette situation, comme s'il voulait partir.

TECHNIQUE: Si vous et votre interlocuteur parlez et vous tenez debout, regardez dans quelle direction leurs pieds font face. S'ils sont face à vous, ça signifie qu'il est à l'aise avec ce qu'il vous dit et qu'il est totalement enclin à vous parler. Si par contre l'un des deux pieds est tourné à gauche ou à droite, cela signifie qu'il n'est pas à l'aise avec ce qu'il vous dit et c'est comme s'il voulait "fuir" la conversation.

7. DONNE TROP D'INFORMATIONS

Quand quelqu'un y va longtemps et **vous donne trop d'informations** qui n'ont pas été demandées (et surtout un excès de détails), il y a quelque chose qui ne va pas.

Un menteur aura tendance à parler beaucoup et à donner beaucoup de détails car un mensonge avec beaucoup de détails ressemble beaucoup à une vérité.

Faites attention aux détails!

8. TEND À S'ÉNERVER TRÈS FACILEMENT ET À POINTER DU DOIGT

Lorsqu'un menteur devient hostile ou **défensif**, il essaie de retourner la conversation contre vous.

Le menteur deviendra hostile parce que vous avez découvert ses mensonges, ce qui peut l'amener à s'énerver et à vous blâmer.

9. IL EST FATIGUÉ QUAND IL PARLE

Si vous voyez des vidéos sur YouTube montrant des interrogatoires de coupables, vous remarquerez qu'après de nombreuses questions (auxquelles les réponses ont été détaillées et détaillées), le suspect commence à **cesser de parler**.

Cela se produit parce que le système nerveux autonome diminue la salivation en période de stress, ce qui assèche la bouche.

La langue aura tendance à toucher ou à passer la lèvre inférieure d'un côté à l'autre en raison de la bouche sèche causée par l'anxiété.

Un autre signe important de mensonge consiste à pousser rapidement le bout de la langue hors de la bouche. Dans ce cas, le menteur est presque prêt à jeter l'éponge pour dire la vérité.

De plus, ceux qui mentent compressent souvent leurs lèvres, avalent continuellement et sourient de manière asymétrique.

10. A UN REGARD INSAISISSABLE

L'un des signes les plus typiques du mensonge est le **regard insaisissable.**

Lorsqu'une personne se sent coupable d'avoir simplement menti et a peur d'être découverte, elle ne peut pas regarder dans les yeux des autres, en regardant toujours ailleurs.

Même ceux qui s'efforcent de fixer l'interlocuteur tomberont tôt ou tard dans le piège de l'observation d'un objet insignifiant, en tout cas en détournant les yeux de l'objectif principal.

D'autres éléments qui vous disent quand on dit un mensonge sont l'augmentation de la taille des pupilles, le changement de fréquence avec lequel vous clignez les yeux et le tremblement des paupières.

11. COMMENCE À TRANSPIRER

Quand les gens mentent, ils ont tendance à devenir nerveux et à se sentir mal à l'aise. Et lorsque vous êtes nerveux et mal à l'aise, vous avez tendance à transpirer.

Lorsque vous êtes nerveux, le système nerveux autonome fonctionne plus qu'il ne devrait donc **la transpiration augmen**te et il n'est pas rare de trouver chez ceux qui gisent des gouttes de sueur près du front et des lèvres.

12. IL S'ÉNERVE

Certaines personnes ne peuvent tout simplement pas rester immobiles.

D'autres ne deviennent agités que lorsqu'ils deviennent nerveux.

Si la personne à qui vous parlez a naturellement tendance à trop bouger ou a de bonnes raisons d'être irréfléchie, ne vous inquiétez pas de l'excitation.

Dans tous les cas, **l'agitation** peut également signifier que celui qui est en face de vous est un menteur novice (les bons sont capables de contrôler leurs nerfs).

Rappelez-vous également que lorsque quelqu'un vous dit un mensonge, cela peut également augmenter la fréquence à laquelle il touche un objet particulier dans la pièce: beaucoup froissent ou tirent le bord de la chemise, par exemple.

Enfin, je vous rappelle que ceux qui mentent ont tendance à arracher la peau de leurs ongles et si leurs jambes sont couvertes ils tentent de s'échapper en bougeant leurs pieds.

MICRO-EXPRESSIONS FACIALES

Quelles sont les micro-expressions faciales?

Il y a une distinction à faire.

Il y a des EXPRESSIONS faciales, ou, comme vous pouvez le voir sur l'image ci-dessous, toutes ces expressions évidentes et perceptibles d'un visage (dégoût, bonheur, peur, etc.) et des MICRO-EXPRESSIONS faciales.

Les micro-expressions faciales sont les expressions émotionnelles du visage qui ont une durée très courte, ou un quart de seconde. S'ils dépassent cette durée, les expressions faciales sont définies simplement expressions de mimique faciale.

Les micro-expressions faciales sont souvent des tentatives involontaires de bloquer une émotion que nous voulons cacher à ceux qui sont devant nous. Dans la plupart des cas, ils sont incontrôlables.

Il existe essentiellement 6 types de micro-expressions + 7 d'émotions secondaires.

Nous avons:

- **Joie**
- **Surprise**
- **Peur**
- **Tristesse**
- **Colère**
- **Dégoûter**
- **Mépris**

Maintenant, vous pouvez à juste titre vous demander ce qui est si intéressant à propos de ces six expressions ...

Eh bien, vous auriez raison de penser cette chose puisque ces expressions ont déjà été étudiées et mises en évidence par Charles Darwin à la fin des années 1800.

Les études de Darwin ont révélé que les expressions faciales sont les mêmes pour tous les êtres humains dans le monde, de l'avocat de New York au sauvage de Papouasie-Nouvelle-Guinée.

Au lieu de cela, les chercheurs d'Eichmann ont souligné que ces expressions ressortent par des micro-expressions, des expressions faciales involontaires très rapides. Lorsque ces expressions involontaires apparaissent sur le visage, elles nous donnent évidemment des informations vraiment intéressantes.
Regardons par exemple cette image:

À gauche, vous pouvez voir une expression de **dégoût,** tandis qu'à droite une expression de **mépris**.

Maintenant, quelles sont les informations qui doivent sortir?

Si je regarde une personne et pendant que je lui parle, il fait une expression évidente de dégoût, je ne lui donnc pas trop d'importance, car tout s'accompagne des gestes du corps et cette personne est parfaitement cohérente avec elle-même.

Le problème se pose lorsque ce qui est dit est incompatible avec le langage corporel.

Par exemple, si je parle à quelqu'un et dis "Je suis vraiment content de vous avoir rencontré" et en attendant je plisse le nez, évidemment il y a quelque chose qui ne va pas!

Il y a une incohérence entre ce que j'ai dit, mes paroles, et la micro-expression de dégoût qui est passée sur mon visage. Le positif est incompatible avec le négatif.

Soyez prudent car froncer les sourcils signifie également «dégoût», mais froncer les sourcils d'un seul côté signifie «mépris».

Il est donc très important de comprendre tout en parlant aux gens si ce qu'ils disent est compatible avec leur expression faciale.

Une autre chose très courante dans le monde de l'analyse du langage corporel est l'accent mis sur les **yeux**.

Savez-vous quand ils disent "les yeux sont le miroir de l'âme"?

Ici, les yeux ne reflètent rien. Ils peuvent dire quelque chose pour un ophtalmologiste, mais rien de plus.

Ce qui nous dit plutôt quelque chose, c'est évidemment la **tonicité de l'œil,** précisément parce que autour de l'œil nous avons un muscle (appelé "muscle orbiculaire") qui nous permet de produire des expressions multiples. C'est intéressant du point de vue du langage corporel.

Il y aurait des milliards de choses à dire sur l'œil, mais pour ne pas vous ennuyer j'illustrerai les aspects les plus importants et les plus curieux de l'analyse des yeux, en particulier des sourcils.

Lorsque vous parlez à quelqu'un, portez une attention particulière au **mouvement des**

sourcils. Si la personne qui vous écoute réagit à votre déclaration en haussant un sourcil, CE N'EST PAS UN BON SIGNE!

Oui, car cela signifie que cette personne doute fortement de ce qu'elle entend et dans ce cas, il vous serait utile d'arrêter d'avancer dans votre discours et de réajuster le tir.

Si vous êtes vendeur et que vous êtes dans la phase finale de la négociation, il vaut mieux que vous vous arrêtiez si votre client vient de lever un sourcil car il y a quelque chose qui ne l'a pas convaincu.

N'OUBLIEZ PAS: *Il n'est pas nécessaire que tout le visage soit impliqué dans l'expression de la déception, mais un seul sourcil suffit.*

Si, par contre, ceux qui se tiennent devant vous lèvent les deux sourcils, ils se montrent extrêmement sceptiques à votre égard.

Alors FAITES ATTENTION si quelqu'un dit "oui oui, c'est très intéressant ce que tu me dis!" et hausse les sourcils car en réalité il n'est pas du tout convaincu de ce que vous dites!

Maintenant, vous devez être prudent car les sourcils bougent très souvent sur le visage d'une personne car, étant des signes de ponctuation, le sens de leur mouvement est souvent mal compris. Si, en revanche, les sourcils se lèvent et s'arrêtent, c'est un signe sans équivoque de scepticisme.

Voyons maintenant ce que signifie **ouvrir grand les yeux**.

Rouler les yeux en quelques secondes signifie "Wow, je suis intéressé par ce qui se passe."

Par conséquent, si lors d'une négociation, les yeux de votre client s'élargissent en expliquant les qualités du produit, c'est comme s'il avait déjà dit oui, même si vous entamez des négociations, il est juste de rester fixe sur le prix que vous avez en tête. Ne l'abaissez pas!

Il y a ensuite une autre étude de cas à considérer: **les yeux rétrécis**.

Il y a 2 façons d'interpréter les yeux fermés:

1. Les gestes dits «**cut off**», c'est-à-dire tous ces gestes qui incluent «ajuster» la zone autour des yeux, des sourcils et du front. Ici, ces gestes ne signifient qu'une chose ... "ARRÊTEZ DE PARLER IMMÉDIATEMENT PARCE QUE JE NE VOUS APPUIE PLUS!". Les mains aux yeux essayant de fermer les tempes sont des signes sans équivoque, vous devez arrêter de parler, point final.

2. Fermeture des yeux pour **"zoomer"**: lorsque vous élargissez vos yeux, ils les ouvrent précisément pour "ouvrir" à autant d'informations que possible, alors que les yeux sont à moitié fermés pour "zoomer" comme dans un appareil photo, cela signifie que vous essayez de se concentrer sur un seul détail. Ici, dans ce cas votre interlocuteur veut aller plus précisément, il veut plus de détails. C'est précisément lorsque vous remarquez une attitude de ce genre que vous devez dire à ceux qui sont devant vous "Voulez-vous plus de détails sur ce que je vous dis?"

Si vous réussissez à interpréter avec succès le langage oculaire de ceux qui sont devant vous, vous aurez des commentaires EXTRÊMEMENT POSITIFS de sa part qui ne penseront pas à des choses comme "Madonna, cela se lit dans mon esprit" mais se sentiront simplement mieux compris.

En fait, je vous rappelle que, contrairement à ce qu'ils vous disent là-bas, lire le langage corporel ne signifie pas «devenir une mentalité» mais simplement devenir une personne qui sait mettre ceux qui se trouvent devant eux à l'aise

BONHEUR, SOURIRES, MÉPRIS ET DÉGOÛT: UNE LIGNE FINE

Une autre expression faciale TRÈS importante est la suivante:

Êtes-vous un garçon et lisez-vous ces lignes?

Eh bien, je vais vous poser une question.

Si une fille que vous aimez vous regardait et vous souriait de cette façon, serait-ce une chose positive ou non?

Je vous laisse quelques secondes pour réfléchir ...

C'est difficile à dire ...

Terminé?

Eh bien, vous ne serez pas content de savoir que même si apparemment vous pourriez dire "Oui, c'est fait, elle y est!", En réalité, cette fille montre une expression de déception ...

Oui, car cette expression est exactement la même que celles trouvées dans l'image ci-dessous:

Vous voyez, ces visages sont assez sombres, il est donc plus facile de comprendre que celui sur leurs visages est une expression de déception.

Mais c'est EXACTEMENT la même expression qu'auparavant!

*L'une des exigences du VRAI **sourire** est d'être TOUJOURS symétrique.*

Maintenant, il s'agit de ces visages ...

Ces sourires vous semblent-ils symétriques?

Absolument pas!

Un sourire incliné d'un côté comme celui montré sur les images signifie une **profonde déception**.

Rire de cette façon n'est pas bon signe, MÊME SI c'est un beau sourire comme dans le cas de la fille sur la première photo.

Un sourire asymétrique est faux et circonstanciel, donc si vous voyez une fille faire une expression de ce type, je suis désolé pour vous mais c'est loin de tomber à vos pieds même si vous pensez l'avoir conquise.

Notez combien de fois vous envoyez des messages de déception de cette manière (sans même vous en rendre compte!) Et commencez à remarquer combien de fois cette expression apparaît sur le visage des autres.

Vous serez étonné de découvrir comment il peut y avoir un monde derrière les expressions des gens!

Pendant que vous parlez, portez une attention particulière à la réaction de ceux qui ont déjà testé, car il est très important de comprendre si ce qui est dit suit ce qui est communiqué par le non verbal.
Par exemple, si je dis "Cette chose ne me convainc pas beaucoup" et si je fais un sourire asymétrique, je suis parfaitement en accord avec ce que je ressens, il n'y a pas de conflit.

Si à la place je devais produire la même micro-expression faciale en disant la phrase "Wow, ce projet est vraiment cool!" ce que je voudrais communiquer, c'est que j'ai en fait de forts doutes sur ce que vous me dites, je vous le dis par circonstance mais je ne le pense pas vraiment.

<u>Le sourire asymétrique est souvent impliqué dans la dynamique du **mensonge**</u>, en fait si je pose une question à une personne et, alors qu'elle me répond affirmativement ou négativement, elle fait un sourire asymétrique, cela signifie que ...

Il y a quelque chose qui ne va pas!

Il y a beaucoup de vidéos très intéressantes sur Internet sur les politiciens (en particulier les Américains) qui montrent une analyse minutieuse de l'apparence du sourire asymétrique.

Sourire asymétrique = déception / mépris

Dernière chose…

Si, en plus de la fossette unilatérale du sourire asymétrique, vous trouvez également un menton levé chez la personne devant vous, ça signifie qu'il vous met au défi, il y a une communication de **fort mépris** (comme vous pouvez le voir sur l'image ci-dessus).

Si quand je vous ai montré l'image de la fille vous avez répondu que c'était un vrai sourire ... Et bien, c'est tout à fait normal!

Regarde cette image

Ceux que vous voyez sont tous des sourires sincères.

Pourquoi?

Parce que le VRAI SOURIRE n'est pas ce qui implique seulement la bouche mais le VISAGE ENTIER.

Vous remarquerez que dans les images ci-dessus, les trois sujets ont formé ce que l'on appelle des «pattes d'oie» près des yeux.

N'OUBLIEZ PAS: *Si quand quelqu'un vous sourit, il ne forme pas de pattes d'oie autour de ses yeux, il n'est pas vraiment content!*

Il est clair que si vous entrez dans une réception d'hôtel et la réceptionniste vous sourit sans patte d'oie, c'est un sourire circonstanciel dont vous n'avez pas à vous soucier, c'est normal que les sourires des gens aux guichets soient "faux", c'est leur rôle!

Mais si ce type de faux sourire est fait par un de vos amis, cela vaut la peine de redresser les antennes et de comprendre ce qui se passe.

Autre cas. Vous partagez votre réussite avec une personne et vous lui dites peut-être à quel point vous êtes heureux d'être promu ...

Eh bien, si vous remarquez que cette personne sourit sans patte d'oie, il y a quelque chose qui ne va pas.

Regardez ces photos maintenant:

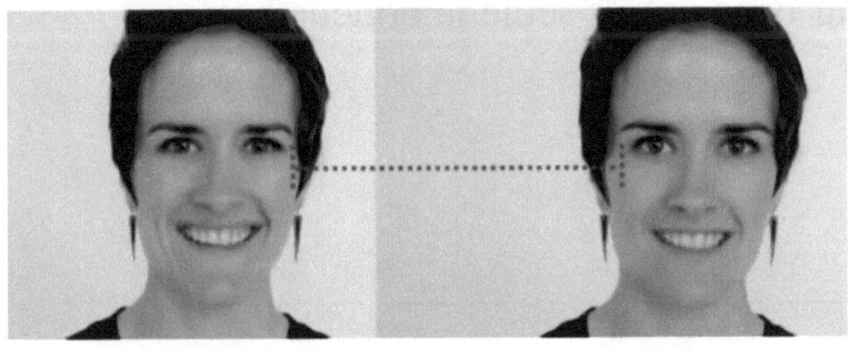

Ici, dans le premier cas à gauche, nous sommes confrontés à un sourire authentique tandis que dans le sourire à droite, nous sommes confrontés à un sourire ABSOLUMENT FAUX.

Dans le premier cas, vous pouvez voir comment les joues sont soulevées car tout le visage est impliqué. Si vous couvriez la bouche de la fille, vous comprendriez le même qui sourit à l'expression des yeux.

Dans le deuxième cas, cependant, vous pouvez clairement voir comment les yeux restent indifférents, ne suivez pas le sourire car dans ce cas seule la bouche bouge.

On voit encore quelques autres photos:

Vous pouvez voir comment les deux filles affichent des sourires circonstanciels ou des «sourires sobres».

Comme toujours, dans l'analyse du langage corporel, il faut tenir compte du contexte dans lequel les différentes actions se déroulent, en fait, parfois les filles sourient de cette façon parce qu'elles croient qu'elles n'ont pas de belles dents (cela arrive souvent chez les adolescentes).

Ce sourire est typique chez les filles et les garçons qui viennent de retirer l'appareil dentaire parce que, s'ils l'ont gardé pendant longtemps, ils ont appris à sourire de manière assez contenue, peut-être par gêne et continueront clairement à rire de cette façon pendant longtemps.

Regardez ces photos maintenant:

Dans ce cas, nous parlons de sourires ABSOLUMENT FAUSSE, connus dans les deux images en haut à droite et à gauche non seulement il y a une tentative de simuler un bonheur qui n'est pas ressenti mais il y a aussi une asymétrie du sourire qui communique le mépris.

SURPRISE

La surprise est une émotion instinctive rapide, qui se produit évidemment lorsque vous ne savez pas ce qui va se passer.

Elle se manifeste par une ouverture totale du visage (les yeux grands ouverts, les sourcils se lèvent et la mâchoire tombe).

Il est très important de savoir comment identifier l'expression de surprise, car si je partage un secret avec une personne et qu'elle réagit comme dans l'image ci-dessus, ça signifie qu'elle ne s'attendait pas à de telles nouvelles. Si par contre elle réagit en disant "Allez! Quelle surprise!" et son visage reste impassible ...

Cela signifie que cette personne savait déjà ce que j'allais lui dire!
Un autre exemple.

Si vous semblez offrir un cadeau à un ami, vous lui donnez le coffret cadeau et elle le déballe mais son expression faciale reste impassible même si en mots elle se montre surprise les possibilités sont deux:

1. Il n'aime pas le cadeau

2. Il savait déjà ce que j'allais lui donner.

Par conséquent, si vous voyez une expression impassible sur le visage de votre ami après lui avoir donné le cadeau, ne dites pas "Regardez, si vous ne l'aimez pas, vous pouvez le changer" ...

Donnez-lui le reçu directement car elle est sûre qu'elle ne l'aime pas!

La **PEUR** est certes associée à la surprise mais à des connotations très différentes.

PEUR

L'émotion de **peur** est liée à la peur que quelqu'un veuille nous faire du mal physiquement ou psychologiquement.

Elle peut être confondue avec l'émotion de surprise car pratiquement les mêmes muscles sont impliqués dans la peur.

Les sourcils se lèvent et se ferment, les yeux s'ouvrent et la paupière inférieure s'étire, les lèvres s'étirent vers l'arrière. Lorsqu'elle est effrayée, la bouche peut être grande ouverte selon la force de la peur.

Par exemple, si seule la bouche s'ouvre grand et exprime peur mais les autres parties du visage restent impassibles, on pourrait parler davantage de préoccupation plutôt que de peur véritable, ou d'un état QUI PRÉCÈDE la peur.

Lorsque vous ne voulez pas montrer que vous avez peur sur votre visage, une micro-expression se produit qui montre l'expression de la peur dans votre bouche pendant quelques millièmes de seconde.

Voici une illustration de ce à quoi ressemble une expression de peur sur le visage de ceux qui en font l'expérience:

<u>Mais qu'est-ce qui différencie la surprise de la peur?</u>

• **Le premier est la durée**. La surprise est l'émotion de plus courte durée que ressent l'être humain, mais la peur peut durer des heures.

• **La seconde est l'ambivalence** de la surprise, car elle peut être à la fois positive et négative contrairement à la peur qui n'est que négative.

• **La troisième différence est la familiarité** du facteur qui déclenche l'émotion.

Nous pouvons avoir peur de quelque chose que nous savons qui va se passer, mais si nous savons à l'avance l'événement qui va nous surprendre, nous ne pouvons pas être surpris.

COLÈRE

La **colère** est un sentiment primordial commun à tous les animaux et humains. Avec la joie et la douleur, la colère est l'une des émotions que les êtres humains manifestent en premier, en fait, elle peut être trouvée chez les enfants à un âge précoce.

Notre culture a tendance à réprimer cette émotion, donc à un niveau rationnel nous avons développé une certaine facilité à la réprimer. Cependant, la colère peut être "capturée" même si elle est réprimée car peu de temps avant qu'elle ne soit cachée, elle se manifeste comme une expression imperceptible sur le visage.

Avec le dégoût et le mépris, il représente la triade de micro-expressions d'hostilité et se produit généralement avec ces autres mélangés de diverses manières.

La colère, la fureur et la rage peuvent être ramenées dans la catégorie «colère» car, en fin de compte, ces émotions sont une manifestation de la colère elle-même à des degrés divers.

Regardez l'image ci-dessous

En colère, les sourcils se penchent généralement et se rapprochent, les paupières sont tendues, les yeux sont fixés et les lèvres se ferment généralement. Lorsque les sourcils se rapprochent, des rides verticales se forment généralement entre les deux.

Dans le front, il n'y a pas de rides horizontales et il y a des lignes permanentes qui font partie de la ligne de base de la personne.

Voici un exemple de la façon d'interpréter la colère dans la vraie vie ...

Vous vous disputez avec quelqu'un et une insulte vous échappe.

Dans ce cas, les yeux de votre interlocuteur peuvent être plus ou moins larges en fonction du volume de force de la colère qu'il ressent, les lèvres peuvent être fermées ou la bouche peut être ouverte.

Si les lèvres sont fermées, il se peut que celui qui est devant vous essaie de réprimer sa nervosité ou qu'il soit sur le point de se répliquer physiquement à l'agression potentielle dont il se sent proche.

Si votre bouche est grande ouverte, il est possible que vous répondiez verbalement à l'attaque.

En tout cas, si vous vous disputez avec quelqu'un et que vous remarquez une de ces expressions sur son visage, il vaut mieux que vous calibriez bien vos mots pour trouver un compromis car cela pourrait très mal se terminer!

TRISTESSE

Lorsque vous souffrez, vous avez tendance à le faire en silence et l'émotion est cachée à ceux qui sont devant vous.

Il arrive souvent d'être triste lorsque nous nous retrouvons face à la perte de quelque chose ou de quelqu'un de cher.

La tristesse dure beaucoup plus longtemps que d'autres émotions comme la surprise (elle peut durer de quelques minutes à plusieurs semaines). La tristesse est également une émotion passive.

Pourquoi?

Parce que quand nous sommes tristes, nous nous sentons impuissants et nous ne pouvons rien faire d'autre que l'émotion qui coule et disparaît. Lorsque nous perdons quelque chose, c'est généralement pour toujours et il n'y a aucune possibilité de récupérer ce que nous avons perdu.

La tristesse a différentes intensités, de la mélancolie au deuil. Il est facile de retrouver cette émotion mêlée à deux autres primaires: la peur et la colère.

Nous pouvons rechercher la tristesse, par exemple lorsque nous regardons des films tristes, ou nous pouvons le nier lorsque, par exemple, nous prétendons ce que nous avons perdu, nous ne nous en soucions pas.

Si un individu ressent une douleur aiguë, il sera plus facile de le voir pleurer et se plaindre. Dans la tristesse, au contraire, on ne dit pas toujours qu'il y a ces réactions.

Lorsque la tristesse atteint son niveau maximum, elle peut provoquer une forte relaxation des muscles faciaux.

Vous pouvez voir les traits caractéristiques de la tristesse lorsque vous passez de la douleur à la tristesse. Contrairement au bonheur dans lequel seuls les yeux et la partie inférieure du visage sont concernés, toutes les parties du visage sont utilisées dans la tristesse.

Mais comment la tristesse se manifeste-t-elle dans les expressions faciales?

Les coins intérieurs des sourcils sont relevés et ils peuvent se rapprocher.

Contrairement à la peur (où TOUS les sourcils se lèvent et se rapprochent) en ce qui concerne la tristesse, seuls les coins internes sont relevés et rapprochés, c'est pourquoi de petites rides se forment entre les sourcils.

Nous remarquons un autre trait de tristesse dans la paupière supérieure, car comme les coins de la paupière sont directement connectés aux sourcils, les coins intérieurs des paupières sont également surélevés.

Habituellement, nous avons tendance à regarder vers le bas, surtout si la tristesse se mélange à la culpabilité ou à la honte.

Si la tristesse est légère, la bouche peut se présenter avec les coins abaissés et les lèvres proches, si au contraire la tristesse est lourde, les lèvres peuvent trembler jusqu'à s'ouvrir en pleurant largement.

PROXÉMIQUE

Une autre grande catégorie de langage corporel concerne la **PROXÉMIQUE**.

Malheureusement, dans le passé, les proxémiques n'ont pas reçu l'attention qu'ils méritent, mais ces dernières années de nombreuses études très intéressantes ont été publiées et, comme cela arrive toujours dans le monde de la recherche, ces études se retrouvent dans des dossiers et ne sont plus prises en considération (un commence par des gens comme moi qui étudient la psychologie comportementale populaire).

La proxémique est définie comme la <u>«psychologie des espaces»</u> précisément parce que, sur la base de la position de deux *personnes dans l'espace, je peux comprendre comment elles se rapportent.*

Les proxémiques sont très utiles pour comprendre s'il existe un intérêt sexuel entre au moins d'une des deux composantes de l'interaction.

La loi de la proxémique dit que notre corps est délimité par plusieurs frontières.

La première est évidemment notre **peau** dans laquelle notre être est inévitablement enfermé.

La seconde est **l'espace intime** (45/50 cm).

Personne ne peut entrer dans cet espace à l'exception des personnes en qui j'ai confiance (ma famille, mon partenaire, les enfants, etc.). Si cet espace est violé, la personne entre dans un état de très fort stress.

Savez-vous quand vous êtes devant ces gens qui vous touchent continuellement ou qui vous parlent trop près?

Ici, comment vous sentez-vous dans ces cas?

Pas trop bien non?

C'est parce qu'ils ont violé votre espace intime où personne, mais très peu de personnes, ne devrait entrer.

Je vais vous donner un exemple (si vous êtes enseignant, écoutez-moi encore plus attentivement).

Quand il y a un examen en classe, c'est une habitude très courante chez les enseignants de se lever de leur bureau et de commencer à marcher entre les bancs de la classe, s'arrêtant derrière les élèves avec les mains derrière le dos pour jeter un œil à la progression des tests.

Dans ces moments, le corps de l'enseignant se rapproche souvent trop de l'élève assis au bureau.

Et que se passe-t-il?

Il arrive que le garçon qui effectue le test soit stressé et commence à faire semblant d'écrire en espérant que l'enseignant s'en ira.

Vous l'enseignez généralement en augmentant la dose. Il demande "Quelque chose ne va pas?" et se rapprocher encore.

Et oui, il y a quelque chose qui ne va pas ...

Le professeur qui a envahi l'espace intime de l'élève.

REGLE: *ne jamais dépasser 50 cm face à une personne que vous ne connaissez pas*

Un autre exemple.

Pensez au vendeur de roses classique. La plupart des gens sont sensibles à ce chiffre, très peu de gens sont opposés aux vendeurs de roses.

Lorsqu'ils s'approchent de la table où ils sont peut-être assis avec leur conjoint, ils gênent beaucoup la plupart des gens qui réagissent avec des gestes suffisamment forts pour les renvoyer.

ATTENTION: *L'espace intime s'étend pour un sentiment de protection.*

Par exemple, si je suis dans un restaurant avec mon conjoint et que quelqu'un envahit son espace personnel, il est normal que cette chose suscite un instinct de réaction en moi.

Idem pour un vendeur de porte à porte. Si un vendeur se rapproche trop de la porte d'entrée, j'ai tendance à être sur la défensive.

Ceux qui veulent être charismatiques face à la situation et qui ont tendance à toucher un peu trop les gens de leur groupe d'amis ne montrent pas réellement de charisme mais créent un sentiment d'intrusion qui N'EST PAS OK!

Vous ne pouvez envahir l'espace intime que s'il y a des signes positifs qui vous permettent de le faire, sinon, évitez!

Mais…

Vous souvenez-vous quand je vous ai dit que grâce à la loi des procurations, nous pouvons découvrir beaucoup de choses?

Ici, regardez l'image ci-dessous:

Dans l'image de gauche, nous pouvons voir un couple très normal où l'espace intime est l'un à l'intérieur de l'autre.

Faites maintenant attention à une chose.
L'espace intime à définir comme tel doit être TOUS intime, de la tête aux pieds, qui dans l'image de gauche est représenté de manière exemplaire (les corps sont uniformément proches les uns des autres).

Si, au contraire, vous voyez un couple s'embrasser comme celui de droite, cela signifie qu'il y a quelque chose qui ne va pas avec le couple parce qu'il s'éloigne de l'espace intime.

Maintenant, le désir sexuel momentané n'a rien à voir avec cela, mais simplement parce qu'ils gardent l'espace intime les uns des autres signifie qu'il y a quelque chose de mal.

Peut-être qu'ils se sont juste querellés, ou peut-être, s'ils le font souvent, il y a une discorde dans le couple qui conduira inévitablement à la séparation.

Si vous êtes un garçon, notez la prochaine fois que vous dites au revoir à une fille que vous aimez la façon dont votre corps et le vôtre sont placés.

Fondamentalement, si vous aimez la fille, vous serez amené à la saluer comme dans l'image de gauche... Cela dépend ensuite si vous l'aimez!

Si elle vous aime (ou s'il y a également un intérêt sous-jacent), elle ne vous saluera probablement pas comme dans l'image de droite mais se tiendra à côté de vous comme dans celle de gauche.

Plusieurs fois, il se sera produit que votre fiancée vous a dit "Ah, mais comment avez-vous salué votre ami ???!"

Pourquoi est-ce arrivé?

Parce que, comme je l'ai dit, les femmes sont beaucoup plus sensibles au langage corporel et votre petite amie a probablement remarqué un problème avec votre langage corporel.

Un autre très bel exemple de la loi de la proxémique concerne les toilettes publiques.

Si vous êtes un garçon combien de fois vous est-il arrivé d'entrer dans des toilettes publiques comme celle de l'image ci-dessus et de trouver un gars qui fait pipi sur le côté gauche des urinoirs ...

Et que faites-vous habituellement?

Si tout est libre, vous commencez à faire pipi exactement du côté opposé, du côté droit.

C'est parce que?

Parce qu'il existe une loi non écrite qui dit que dans les moments d'extrême intimité, nous devons garder de grandes distances avec ceux que nous ne connaissons pas.

Imaginez cette scène ...

Tu es le seul dans la salle de bain.

Les autres urinoirs sont tous libres.

Soudain, une personne entre et au lieu de se positionner exactement de votre côté opposé, elle va juste à côté de vous.

Que pensez-vous instinctivement?

Et bien c'est évident, je n'ai pas besoin de te le dire ...

La chose intéressante est que dans une situation normale dans laquelle il y a deux hommes de chaque côté de la salle de bain, si une troisième personne entre, elle ira au centre, et si une quatrième personne entre, elle ira au centre entre l'un des deux espaces restants, etc. jusqu'à remplir tous les espaces d'urinoir dans une proximité forcée.

Il n'est donc possible de violer l'espace intime que dans des situations où nous sommes obligés de le faire.

La même chose se produit dans mes séminaires ...

Le dimanche matin, les gens entrent dans la classe et ceux qui ne connaissent personne vont dans un coin, puis dans un autre, puis dans un autre, puis dans un autre et ainsi de suite jusqu'à ce que la classe se remplisse et que tout le monde se retrouve proche. à quelqu'un.

Et je vais vous en dire plus, à un formateur comme moi, comment un étudiant se positionne dans la classe (premier bureau, deuxième bureau, etc.) avec beaucoup d'informations.

Regardez l'image ci-dessous:

Ceci est une autre démonstration de ce que je vous disais auparavant.

Une première dame est assise à gauche, une autre arrive et s'assoit à droite ...

Le troisième qui arrivera sera assis pratiquement au centre, entre les deux.

Cela dit, je peux confirmer qu'il est TRÈS UTILE de lire le langage des proxémiques car, avant même de lire le visage, avant même de lire le corps, la physionomie, les postures ou autre chose, il suffit de regarder comment une personne bouge pour comprendre beaucoup de choses.

Par exemple, si je suis vendeur et je dois aller parler à un groupe de personnes à première vue, je ne saurai pas à qui m'adresser mais faites attention ...

Si dans un groupe de personnes il y a quelqu'un avec un leadership légèrement supérieur (pas parce que la personne elle-même se considère comme un leader mais parce que d'autres personnes lui donnent ce rôle), ce sera aussi celle qui aura le plus d'espace autour de lui.

Cela se produit parce que les personnes qui attribuent plus de pistes à un individu auront tendance à lui laisser plus d'espace, en s'éloignant légèrement de lui pour ne pas envahir son espace intime.

Cela dit, à qui irai-je?

À la personne la plus isolée!

Un autre exemple.

Si vous voyez un groupe de personnes marcher dans la rue, vous remarquerez sûrement qu'il y a toujours une personne qui est toujours légèrement derrière quelques marches et donc par rapport au groupe, la personne qui reste derrière est la plus introvertie de toutes, ou fait face à un moment de tristesse.

VOIX

Le **ton de la voix** est peut-être l'un des aspects les plus influents de la communication non verbale.

Le ton de la voix contient un flot d'éléments sonores qui donnent un sens, consciemment ou inconsciemment, à la transmission du message. Ces paramètres peuvent être des éléments tels que le timbre, l'intensité sonore, la vitesse de diction, la clarté, la projection, etc.

Il est possible que différentes personnes disent la même déclaration, mais le ton de voix utilisé par chacun transmet un message psychologique qui change d'une personne à l'autre.

En examinant le ton d'une personne, beaucoup d'informations peuvent être recueillies à son sujet.

Par exemple, si nous parlons à une personne qui parle une langue qui nous est inconnue, nous pourrions même comprendre quelque chose sur ce qu'il ressent à ce moment-là simplement en écoutant son ton de voix.

Maintenant, je vais immédiatement vous donner quelques idées pour comprendre ce que la voix de ceux en face de vous communique.

À partir d'une étude menée par le Laboratoire d'analyse instrumentale de la communication de l'Université autonome de Barcelone, des informations intéressantes ont émergé concernant l'utilisation de la voix et de la perception.

Voici ce qui a émergé:

• Le ton grave de la voix transmette maturité et amène les autres à avoir plus confiance en ce qui est dit. C'est ce qui est le plus utilisé dans la publicité.

• Si le ton de la voix est très grave, il est lié à des émotions négatives.

• Si nous écoutons une voix déterminée et confiante, nous serons plus enclins à penser qu'une personne d'une certaine importance sociale nous parle.

• La conversation à voix basse transmet un sentiment d'insécurité et d'embarras à ceux qui sont devant vous.

• Un ton de voix très aigu vous fait percevoir comme peu fiable

D'autres trucs intéressants ...

Certains psychologues ont essayé de comprendre le sens caché derrière l'utilisation de la voix.

La recherche a montré que nous interprétons tous le sens de la voix en faisant «une somme» de divers éléments.

C'est précisément pour cette raison qu'il est important que vous compreniez chacun de ces points car une fois assimilé, vous pourrez reconnaître en quelques secondes le caractère de qui est devant vous.

Voyons-les ensemble.

RESPIRATION

Alors que nous parlons de la façon dont nous respirons, l'idée de la vitesse à laquelle nous vivons.

• Respiration silencieuse: qui est devant vous vit avec équilibre

• Respiration profonde et régulière: qui est devant vous est énergique et dynamique

• Respiration profonde, régulière et intense: qui est devant vous réprime sa colère

• Respiration superficielle: ceux qui se tiennent devant vous manquent de réalisme

• Respiration courte et rapide: ceux qui se tiennent devant vous sont anxieux

INTENSITÉ OU VOLUME

Il montre clairement comment un individu se rapporte à lui-même et aux autres.

• Volume normal: celui qui est devant vous peut contrôler et écouter

• Volume fort: ceux en face de vous sont faibles, égoïstes et impatients

• Volume faible: ceux qui sont devant vous sont inexpérimentés ou répriment quelque chose

ARTICULATION OU VOCALISATION

La vocalisation a à voir avec la capacité de comprendre les autres et la volonté de se faire comprendre.

• Articuler de manière bien définie: celui qui est devant vous est ouvert à la communication
• Articuler de façon imprécise: celui qui est devant vous veut vous tromper ou est mentalement confus
• Articuler très clairement: votre interlocuteur est un narcissique ou est tendu
• Articuler de manière très hésitante: le locuteur est agressif ou réprime quelque chose

LA VITESSE

La vitesse à laquelle vous parlez indique votre temps émotionnel:

• Parler lentement: le locuteur n'est pas intéressé et est déconnecté de la réalité
• Parler rapidement: l'interlocuteur est tendu et veut détourner la conversation
• Parler normalement: indique le respect ou même un manque de naturel
• Parler de façon irrégulière: le locuteur est confus et anxieux

Mais comment nos relations personnelles sont-elles affectées par la voix?

Le ton de la voix façonne la façon dont les gens interagissent avec les autres.

Même si l'auditeur n'est pas un expert en langage corporel, il sera quand même amené à capter inconsciemment les signaux vocaux que nous lui enverrons.

Ces messages donneront une image claire de notre personnalité à la personne devant nous.

Le ton de la voix exprime également la façon dont un individu veut se rapporter à ceux qui sont devant lui.

S'il est détaché et piquant, il transmet la volonté de prendre ses distances. S'il est enveloppant et chuchotant, il demande de se rapprocher.

En ce qui concerne le ton de la voix, il faut dire que ce n'est pas toujours le même, mais il y a toujours des caractéristiques communes.

C'est précisément à travers ces schémas que nous pouvons lire la personnalité et l'humeur de ceux qui sont devant nous.

EXERCICE: Enregistrez-vous dans les moments les plus variés puis écoutez les éléments individuels de la voix que je viens d'énumérer, vous en apprendrez plus sur votre voix et vous pourrez la modéliser en fonction de l'objectif de votre communication.

COMMENT DOMINER LA SCÈNE: LEADERSHIP ET CHARISME

6 TRUCS POUR UNE SUPERBE PREMIÈRE IMPRESSION

Dans les affaires comme dans la vie, les premières impressions sont cruciales et se forment beaucoup plus rapidement que nous ne le pensons.

En 7 secondes ou moins, les gens doivent juger de votre compétence, de votre chaleur et de votre fiabilité. Et une fois que les gens vous auront mentalement étiquetés comme gentil ou désagréable, puissant ou soumis, fiable ou sournois, tout ce que vous ferez à partir de ce moment sera vu sous ce filtre.

Maintenant, ne vous découragez pas ...

Parce que si d'une part vous ne pouvez pas empêcher ces premières impressions de se former chez les gens parce que c'est ainsi que nous sommes programmés, nous pouvons encore faire beaucoup pour que cette première impression soit utilisée à notre avantage.

Les premières impressions sont fortement influencées par des indices non verbaux. En généralisant, nous pouvons dire que nous voulons tous avoir des relations avec des personnes énergiques, positives et engageantes, bref, des personnes qui nous mettent à l'aise et nous font nous sentir bien.

Maintenant, heureusement, nous pouvons générer ces sensations dans les tout premiers moments avec le langage corporel.

Voici 6 conseils pratiques que vous pouvez immédiatement mettre en place pour une bonne première impression.

1. RECHERCHER LE NÉGATIF

Les gens ressentent votre attitude instantanément, donc avant d'entrer dans une salle de réunion, un bureau avec quelqu'un ou un lieu de travail, réfléchissez à la situation et faites un choix éclairé de l'attitude que vous souhaitez projeter.

Les attitudes qui attirent les gens sont généralement amicales, heureuses, réceptives, patientes, serviables, accueillantes et curieuses.

Les attitudes opposées (celles qui rejettent) sont plutôt en colère, impatientes, ennuyées, effrayées, déprimées ou méfiantes. Alors, débarrassez-vous de ces attitudes négatives et choisissez quelle attitude positive vous souhaitez projeter.

2. AJUSTEZ VOTRE POSTURE

EXERCICE: *Soulevez vos épaules vers vos oreilles, tournez-les vers l'arrière et abaissez-les*

Parfait.

Garder cette posture avec la tête haute et la tête droite vous rendra beaucoup plus confiant.

Prenez l'habitude de rester dans cette position.

3. SOURIEZ

Le sourire est l'expression faciale que nous aimons le plus, et dans les premières interactions, c'est un peu comme une porte, une invitation bienvenue qui dit aux quatre personnes que vous êtes sympathiques et serviables.

TRUC: *Lorsque vous entrez dans un endroit pour parler à quelqu'un, faites-le avec le sourire léger, élargissez-le de plus en plus à mesure que vous vous rapprochez de la personne*

4. CONTACT VISUEL

Regarder les gens dans les yeux transmet de l'énergie et indique l'ouverture.

Voici une petite astuce pour augmenter votre charisme.

TRUC: *Le premier regard doit être plus profond que les contacts oculaires suivants. Lors de la première interaction, regardez la personne dans les yeux avec l'intention de vous souvenir de sa couleur. Cela vous permettra d'avoir un contact visuel d'une fraction de seconde de plus et avec une intensité plus accentuée*

5. UTILISEZ LES SOURCILS

En levant rapidement les sourcils lorsque vous écoutez une personne, vous aurez l'air plus amical et plus d'écoute.

6. INCLINEZ-VOUS VERS VOTRE INTERLOCUTEUR

Se pencher vers la personne indiquera que vous êtes engagé et intéressé par elle, mais bien sûr respectueux de l'espace personnel de l'autre.

Cela signifie que dans la plupart des situations, en particulier dans les situations commerciales, il faut être plus ou moins à un bras des autres.

BONUS

Ce conseil que je vais vous donner ne fait pas vraiment partie de la première impression, mais si vous le comprenez, il vous donnera la possibilité de créer un impact positif et durable sur les gens.

Rappelez-vous les noms des gens!

Notre nom est le plus beau son que nous puissions entendre, alors assurez-vous de le répéter souvent pendant les conversations et pendant que vous le faites, si la situation le permet, ajoutez également une légère touche au bras.

De cette façon, vous créerez un ancrage fort entre les sensations positives d'avoir évidemment retenu le nom de qui est devant vous et le toucher du bras qui crée le plus de lien.

Chaque réunion, chaque conférence, chaque formation, réseau ou déjeuner d'affaires, représente une opportunité incroyable d'élargir notre réseau de contacts professionnels.

Alors, quand sera la prochaine fois que vous devrez rencontrer quelqu'un de nouveau?

Planifiez maintenant comment vous voulez être perçu en pensant aux signaux corporels que vous utiliserez pour vous assurer que les premières secondes sont positives pour vous.

Mais maintenant, je veux vous parler d'une autre chose très importante pour une bonne première impression ...

LA POIGNÉE DE MAIN!

LES 10 INGRÉDIENTS DE LA PARFAITE POIGNÉE DE MAIN

Comme je l'ai déjà mentionné, la poignée de main a une relation incroyable avec la construction d'une bonne première impression. En effet, le geste d'interaction personnelle est le plus primitif.

Pensez-vous que des études ont montré que les gens sont deux fois plus susceptibles de se souvenir de vous si vous leur serrez la main!

Non seulement la poignée de main contribue à la construction de la première impression, mais elle renforce également le jugement sur la personnalité en fonction du type de poignée de main.

Si vous prêtez attention à la façon dont les gens se serrent la main, vous pouvez rapidement obtenir un profil psychologique de qui est devant vous.

Si vous voyez quelqu'un qui donne une main faible et soumise, ce ne sera probablement pas la personne indiquée dans le service des ventes!

De la même manière, une relation trop forte et dominante qui donne l'impression d'être dominatrice et insensible n'aura probablement pas beaucoup de succès si elle était employée dans le travail social ou dans les relations d'aide.

Mais faites attention si quelqu'un vous donne la main avec le bras tendu car cela signifie qu'il cherche une distance entre vous. Les raisons en sont nombreuses, mais vous devez avoir peu d'intérêt, ce que vous devez faire n'est **PAS CONFIANCE.**

Donc, si nous disons que nous ne sommes pas trop forts et dominants ni trop mous et mous, alors comment serrer la main?

Voici 10 conseils à garder à l'esprit.

1. LEVEZ-VOUS: lorsque vous donnez la main à quelqu'un, vous devez TOUJOURS vous lever. Que ce soit une femme ou un homme, vous ne devez jamais rester assis.

2. NE METTEZ JAMAIS LES MAINS DANS VOTRE POCHE: Gardez toujours vos mains ouvertes et visibles (cela sert à donner une impression plus ouverte et franche).

3. ASSUREZ-VOUS QUE VOUS AVEZ TOUJOURS LA MAIN DROITE LIBRE: Si vous avez des objets dans votre main droite, déplacez-les à l'avance dans votre main gauche, mieux évitez de gâcher à la dernière minute. Si vous avez des boissons surgelées, gardez-les TOUJOURS dans votre main gauche car la condensation rendra votre main droite froide et humide, ce qui n'est pas agréable du tout.

4. GARDEZ LE CONTACT VISUEL: Lorsque vous vous serrez la main, regardez directement dans les yeux de l'autre personne car le contact visuel à ce moment crée une plus grande connexion. Serrez la main, regardez dans les yeux, souriez et vous verrez que l'autre personne fera automatiquement la même chose en échange.

5. GARDEZ VOTRE TÊTE DROITE: Ne gardez jamais la tête inclinée et tenez-vous droit devant votre partenaire, les pieds face à lui.

6. TENEZ VOTRE MAIN PARFAITEMENT PERPENDICULAIRE AU SOL: N'utilisez pas une posture dominante avec la paume vers le bas car cela enverra le message que vous vous sentez supérieur à l'autre personne. Bien sûr, cela évite également la paume vers le haut car cela envoie un signal de faiblesse. Pour réguler, gardez le pouce vers le haut afin d'envoyer un message d'égalité et de collaboration.

7. GARDEZ VOTRE MAIN BIEN OUVERTE: Les deux mains doivent se toucher complètement, donc pas de coupelle car si les mains ne se touchent pas complètement, cela aura des répercussions négatives sur le reste de l'interaction. Ceci est particulièrement important pour les femmes, car donner une main ferme est considéré comme un signe de confiance et de compétence des femmes. Une fois la paume de votre main bien tendue et en contact avec celle de votre interlocuteur, bandez votre main avec vos doigts. Votre index doit être au niveau du poignet de votre interlocuteur.

Après contact, il serre sa main avec la même pression que votre interlocuteur.

8. NE BOUGEZ PAS VOTRE POIGNET: Déplacez votre avant-bras et non votre poignet. Déplacez-le un instant puis retirez votre main.

9. COMMENCEZ À PARLER AVANT DE LIBÉRER VOTRE MAIN: Parler après que votre main se soit rétractée envoie des signaux d'insécurité à l'autre personne qui vous jugera maladroite dès le premier contact.

10. GARDEZ VOTRE CONTACT VISUEL MÊME LORSQUE VOUS RETROUVEZ VOTRE MAIN ET PRENEZ UN PAS: Incroyablement, lorsque vous retirez votre main et reculez, les gens ont souvent tendance à regarder le sol mais en regardant le sol, ils envoient un signal de soumission.

La bonne chose à propos de la poignée de main est que vous aurez tellement de possibilités de pratiquer que si vous y prêtez attention tout de suite, vous apprendrez immédiatement à donner votre main parfaitement et de manière optimale.

La recherche montre que les gens décident s'ils vous aiment ou non dans les secondes qui suivent votre rencontre. Une poignée de main droite contribue beaucoup à cette première impression.

Donc…

Ne vous y trompez pas!

COMMENT TRANSMETTRE CHALEUR ET EMPATHIE POUR ÊTRE ADORÉ MÊME PAR LE COLLÈGUES LES PLUS TÊTUS

Lorsque nous rencontrons une personne, nous évaluons toujours deux qualités:

1. Son pouvoir et son autorité
2. Sa chaleur et son empathie

Aujourd'hui, la plupart des dirigeants sont conscients de la nécessité d'apparaître forts et confiants, mais ils comprennent rarement l'importance de l'empathie et de la chaleur, qualités qui pourraient être bien plus importantes que nous ne le pensons.

Alors que les organisations évoluent vers des modèles plus collaboratifs, le succès du leader dépend de plus en plus de la nécessité de faire en sorte que les membres de son équipe se sentent valorisés, respectés et inclus.

Le modèle du "master commander" est passé depuis longtemps ... Heureusement!

Maintenant, alors que nous pouvons émettre du pouvoir et notre sécurité à travers notre langage corporel en nous développant dans l'espace (comme je vous l'ai déjà expliqué précédemment), lorsque nous voulons encourager la collaboration, il serait préférable d'**adoucir** ces signaux.

Bien sûr, vous devez toujours rester en position ouverte, mais en même temps d'une manière plus chaude et moins rigide.

Vous devrez donc vous exercer à garder un langage corporel ouvert et en même temps détendu et sans aucune tension dans le corps.

Les personnes qui ont un langage corporel ouvert sont généralement perçues comme plus persuasives et réceptives et pour cette raison, il est important que vous preniez une position ouverte dès que possible!
Pour avoir une position de leader ouverte, n'oubliez pas de NE JAMAIS CROISER VOS JAMBES si vous êtes debout ou assis et vos bras doivent toujours être LOIN de votre corps et jamais croisés.

Si vous êtes assis à un bureau, ne gardez jamais vos mains sous le bureau, mais levez-le. Les mains doivent toujours être en vue.

N'oubliez pas, comme nous l'avons dit à d'autres occasions, d'incliner légèrement votre corps vers l'avant vers l'interlocuteur même si vous êtes assis.

Se pencher en avant indique l'attention et l'implication.

Précisément pour cela, se pencher en arrière transmet exactement le contraire!

Se pencher en arrière transmet l'aversion et la négativité parce que nous essayons inconsciemment de nous éloigner de ce que nous n'aimons pas ou de quelqu'un en qui nous n'avons pas confiance.

Et en parlant toujours d'attitudes d'inclusion lorsque vous êtes en interaction avec quelqu'un, n'oubliez pas d'être EXACTEMENT AVANT. À la personne. Tourner votre torse même d'un quart signifie un manque d'intérêt et éteint complètement tout type d'implication.

La mise en miroir est un autre signal non verbal très important.

Vous ne l'avez peut-être jamais remarqué, mais lorsque vous êtes en conversation avec des gens que vous aimez et avec qui vous

vous entendez, vous commencerez à refléter son langage corporel, ses expressions faciales, la position de ses bras et même ses mots. .

C'est une façon complètement inconsciente de montrer que vous êtes connecté et impliqué.

EXERCICE: La prochaine fois que vous discutez avec quelqu'un, reflétez leur posture et leur gestes, vous verrez qu'une connexion INCROYABLE sera crée.

Évidemment, tout cela se résume à UN conseil de base ...

<u>Portez toute l'attention du monde à votre interlocuteur!</u>

C'est le signal qui dégage le plus de chaleur jamais. Lors de la prochaine réunion, évitez donc de prendre votre téléphone portable et de vérifier vos messages ou de lire vos notes.

Concentrez-vous sur qui parle pour vous assurer qu'il se sent valorisé, respecté et inclus

COMMENT TRANSMETTRE CONFIANCE POUR QUE TOUS VOUS RESPECTENT

Il y a plusieurs années, un banquier important est venu me demander conseil.

C'était les années d'une crise très grave pour les banques et cette personne avait accumulé un stress incroyable et s'était complètement épuisée.

Cependant, quand il est entré dans mon bureau, il m'a semblé être l'une des personnes les plus sûres et les plus charismatiques que j'aie jamais rencontrées, à tel point qu'au bout de quelques minutes de dialogue, je lui ai demandé ...

"Comment avez-vous réussi à rester aussi optimiste et confiant quand tout semblait s'effondrer à vos pieds?"

Il m'a regardé droit dans les yeux et avec un sourire m'a dit: "J'ai fait semblant".

Bien sûr, il est très difficile de faire semblant d'avoir confiance en soi en cas d'insécurité, mais il y a 2 raisons très valables pour lesquelles vous devriez le faire aussi:

1. Les autres vous percevront comme plus confiants et vous interagiront à travers cet état que vous jouez
2. Non seulement vous ferez preuve de sécurité, mais vous commencerez aussi à vous sentir plus en sécurité

Juste pour stimuler votre corps à être plus en sécurité, il existe 2 techniques très puissantes:

Nous avons déjà vu le premier avant et il consiste en la pose de puissance.

Le second est un peu plus complexe et dérive du monde du jeu et est basé sur la stimulation des émotions réelles passées.

Par exemple, si un acteur se prépare à un rôle où il doit manifester des émotions comme la peur, il se souviendra peut-être d'une situation de son passé qui lui a vraiment fait peur.

De cette façon, l'acteur peut interpréter la pièce sur la base de cette émotion passée d'une manière plus authentique et réaliste.

Évidemment, en tant que leader, vous avez des objectifs complètement différents de ceux d'un acteur dans un film, mais disons que la préparation reste sensiblement la même.

Disons que vous devez vous rendre à une réunion importante et que vous souhaitez exprimer une plus grande confiance en vous et être plus confiant.

Voici comment procéder:

EXERCICE:
Commencez à penser à un moment dans le passé dont vous avez été réellement enthousiaste et confiant.

Si vous avez du mal à vous souvenir de quelque chose de positif dans votre vie, ne vous inquiétez pas parce que ce n'est pas que vous n'avez jamais eu d'expériences positives, mais plutôt parce que vous n'êtes pas habitué à y prêter attention (et puis aussi parce que les choses douloureuses se souviennent généralement plus facilement).

Maintenant, si vous êtes dans cet état et il vous est difficile de vous souvenir de moments positifs, je vous invite à tenir un journal de réussite afin que vous vous souveniez rapidement de cette fois où vous avez été bon.

Ensuite, une fois que cette mémoire est évoquée, essayez aussi de rappeler ces sentiments de confiance, d'enthousiasme et de réalisation que vous avez ressentis à ce moment-là.

Maintenant, la prochaine étape est d'imaginer que la rencontre que vous êtes sur le point d'avoir avec l'attitude positive et la même confiance que vous aviez dans le passé.

Plus vous répétez cet exercice mental en vous voyant à la rencontre confiante, optimiste et sûre de vous, plus vous augmenterez la probabilité d'aller à cette rencontre avec un langage corporel positif et confiant.

Ainsi, la prochaine fois que vous aurez besoin de vous sentir confiant, vous avez deux possibilités (ou peut-être les deux): la pose de puissance et la stimulation émotionnelle.

BONUS

COMMENT UTILISER LE NON-VERBALE POUR RÉUSSIR N'IMPORTE QUELLE ENTRETIEN D'EMBAUCHE

Dans ce chapitre, je répondrai brièvement à une question qui est constamment posée par mes élèves, à savoir ...

Quel est le langage corporel que je dois conserver lors d'un entretien d'embauche?

Vous souvenez-vous quand au début de ce livre j'ai parlé de positions de pouvoir? Je les mettrai ci-dessous au cas où vous ne vous en souviendriez pas:

La première chose que vous devez faire à chaque fois que vous avez un entretien d'embauche est de prendre l'un de ces trois postes pendant au moins 2 minutes AVANT tout contact avec les recruteurs.

Dans cette position ouverte, nous avons dit que votre testostérone augmentera et que vous serez donc prédisposé à interagir avec les autres.

Une fois que votre chemin est optimal, vous devrez entrer en contact avec l'éleveur de manière décisive avec la tête haute et le menton parallèle au sol.

La chose très importante dans ces cas est le contact visuel. Le contact visuel donne un sentiment de puissance de proximité et d'autorité très importante.

Mais attention à ne pas dépasser!

Oui, parce que vous ne connaissez jamais la frontière entre regarder les gens dans les yeux et être intrusif en les regardant dans les yeux.

La solution à ce dilemme vient de ce que je vous ai dit au début de ce livre ou de vous demander:

"Quelle est la couleur des yeux de cette personne?"

Le fait de regarder avec intention la couleur des yeux et le fait de vouloir s'en souvenir avec intention permettra d'étirer la tenue du regard d'une fraction de seconde ce qui créera un contact très fort avec votre interlocuteur.

Souvenez-vous bien de cet exercice car il vous permettra de créer un contact visuel parfait et pas trop intrusif avec votre recruteur.

Donc, récapitulons:

• Contact visuel
• Posture ouverte
• Jamais les bras croisés
• Menton parallèle au sol
• Pas de portable

Maintenant, cela peut vous sembler bizarre, mais quand une personne se rend à un entretien d'embauche, ce ne devrait pas être VOUS qui devriez faire une impression sur le recruteur, mais ce devrait être le recruteur qui fait une impression sur la personne sélectionnée.

Vous n'avez pas à impressionner les autres, laissez les autres vous impressionner!

Les gens aiment parler d'eux-mêmes et même si vous allez à un entretien d'embauche et que vous pensez que ce doit être vous qui impressionnez les gens, en réalité vous devez parler très peu et faire parler les autres.

Mais comment pouvez-vous rendre la personne devant vous plus susceptible de parler?

Maintenant, je vais vous partager un secret mortel ...

<u>Pour augmenter la quantité d'informations que les gens vous donnent lors d'une</u>

conversation, vous devrez hocher la tête au moins 3 fois en silence.

Étrange n'est-ce pas?

Eh bien, vous devez savoir qu'une étude a été réalisée sur cet aspect qui a montré que cette action est effectuée, la quantité d'informations qui sort d'une personne sera supérieure à 3/4 fois la moyenne ordinaire.

Incroyable, non?

Cette technique peut non seulement être utilisée dans un entretien d'embauche pour pousser le recruteur à vous donner plus d'informations sur le poste en le poussant inconsciemment à parler davantage de vous, mais elle peut également être utilisée pour voler plus d'informations à une personne qui vous dit un secret.

Cette technique est absolument l'une des meilleures car elle peut venir à votre secours lorsque, dans une conversation, il semble que vous ayez terminé les mots en poussant l'autre personne à parler encore et encore jusqu'à même inventer de nouveaux sujets pour continuer le discours. .

N'oubliez pas: ce n'est que lorsque les gens vous impressionnent que vous avez gagné la conversation.

Maintenant, la question qui se posera spontanément est certainement: "Et que dois-je regarder chez l'éleveur pour comprendre si je vais bien?"

Eh bien, les informations à vous donner maintenant seraient trop. En général, je peux vous dire que vous pouvez remarquer les choses suivantes:

• Si la personne acquiesce en vous écoutant, cela signifie que vous vous portez bien.

• Si la personne se retire, même légèrement en arrière, arrêtez avec ce que vous dites.

• Si le recruteur met ses mains sur son visage (se grattant le nez, les sourcils, les oreilles, etc.), il y a un problème avec ce que vous venez de dire.

• S'il ferme les bras idem.

Cela dit, n'oubliez pas que le langage corporel est une science mais aussi un art car la conversation est comme une danse, vous montez et descendez, il n'y a jamais un moment où vous pouvez être sûr à 100% du sens d'un seul geste.

Et comme, comme je l'ai dit, le corps signale que votre sélecteur pourrait vous envoyer, il y a vraiment beaucoup, il vaut mieux que vous

vous concentriez sur ce que VOUS voulez transmettre à l'extérieur et que vous n'essayiez pas d'interpréter trop qui est devant vous, vous ne seriez que confus

<u>Que se passe-t-il si l'entretien d'embauche a lieu devant plusieurs personnes?</u>

1. METTEZ-VOUS EN SITUATION DE PUISSANCE

Lorsque vous savez que l'entretien aura lieu devant plusieurs personnes, n'oubliez pas que vous devez d'abord vous retrouver en position de pouvoir.

Par conséquent, si vous êtes tous assis sur une table rectangulaire, vous devez toujours vous asseoir en tête de table.

Et maintenant la question se pose ...

Quelle est la tête de la table que je dois choisir entre les deux chapiteaux de la table rectangulaire?

Vous devez choisir le bout de table **OPPOSÉ** à la porte de sortie de la pièce ou **OPPOSÉ À UNE FENÊTRE.**

En fait, essayez de penser où vous aimez vous asseoir lorsque vous allez au restaurant ...

Visiblement dos au mur avec vue sur ce qui se passe dans le club!

Ici, lorsque vous parlez dans un entretien d'embauche avec plusieurs recruteurs, vous devez avoir ce type de proxémique car cela vous donnera beaucoup de pouvoir et vous serez également inconsciemment reconnu par les autres.

Revenons à l'exemple du restaurant.

La personne qui vous accompagne au restaurant et s'assoit dos au reste de la pièce se sent généralement un peu mal à l'aise car elle ne sait pas ce qui se passe pendant que vous vous sentez plus paisible et plus fort.

Ici, lors d'une réunion, il est important qu'une personne vous reconnaisse ce pouvoir.

2. SI POSSIBLE, TENEZ DEBOUT

Par cela, je ne dis pas de vous mettre dans une position de supériorité sur les autres, mais simplement de vous lever simplement pour que les gens vous voient un peu mieux.

Cela vous donnera une position de pouvoir très importante

COMMENT CONDUIRE TOUT ENNEMI À T'ACCORDER TOUTE SORTE DE FAVEUR GRÂCE À L'EFFET FRANKLIN

Avouons-le ...

C'est dans notre nature même d'êtres humains le désir de se dépasser par rapport aux autres ...

Et c'est précisément à cause de ce désir de montrer aux autres que nous sommes meilleurs qu'eux que des inimitiés surgissent.

Alors, comment gérez-vous un ennemi déclaré ou, pire encore, en faisant semblant d'être votre ami, mais en réalité ce n'est pas le cas?

En fait, devant un ennemi, cette question ne doit même pas être posée car il est déjà faux au départ ...

Chaque fois que vous communiquez avec quelqu'un, demandez-vous "Quel est le but de ma conversation?"

Une fois que vous aurez identifié le but précis de votre conversation devant un ennemi, vous devrez jouer à son jeu.

Alors quelle est la meilleure chose?

La meilleure chose à faire est de le faire se sentir bien, le plus intelligent, celui qui sait toujours le plus longtemps.

Si vous parlez à une personne que vous connaissez qui ramera contre vous, essayez de dire: «Vous savez, vous êtes une personne que j'ai toujours admirée!

En utilisant cette technique appelée Ego Pumping, vous gonflerez l'ego d'une manière effrayante et c'est précisément lorsque l'ego est gonflé que les gens sont vulnérables.

À ce moment, vous pouvez profiter de cette élévation de l'ego pour demander à cette personne ce que vous voulez et obtenir le résultat que vous avez défini lorsque vous avez ouvert cette conversation.

C'est dans ce contexte qu'une technique similaire au pompage de l'ego appelée **EFFET FRANKLIN** pourrait aider.

L'origine de l'effet Franklin est vraiment intéressante.

Le nom de cette technique de manipulation dérive de celui de Benjamin Franklin, l'inventeur du paratonnerre, qui fut entre autres l'un des fondateurs des États-Unis d'Amérique.

Benjamin Franklin avait un adversaire très puissant au sein de l'Assemblée législative qui n'a jamais hésité à exprimer sa dissidence à l'égard de ses initiatives, à la fois en public et en privé.

Franklin n'avait certainement pas manqué cette aversion qui le préoccupait profondément.

Mais voici comment il a résolu cette situation ...

Il a décidé de gagner l'estime de son ennemi

Et savez-vous ce qu'il a fait?

Il a décidé de commencer par lui demander une faveur.

Sachant qu'il était devant une personne d'une énorme culture, il décida d'emprunter une copie particulièrement précieuse d'un manuscrit à sa bibliothèque personnelle.

Face à une demande similaire, l'opposant ne pouvait s'empêcher de se sentir flatté par la demande de l'inventeur.

C'est ainsi que Franklin gagna l'estime de son ennemi, jetant les bases d'une approche d'abord, puis d'une amitié.

Bond qui a duré toute une vie.

Alors, qu'est-ce qui se cache derrière l'effet Franklin?

Bien que cette technique de manipulation mentale dérive de cet épisode assez étrange, elle a en réalité des fondements psychosociaux très spécifiques.

Derrière le besoin de l'homme de plaire aux autres, il y a en fait une **dissonance cognitive**...

En d'autres termes, la nécessité de plaire aux autres est dictée par la crainte que cet événement ne se produise.

En fait, avec sa demande, Franklin a voulu créer une contradiction dans son adversaire: en dépit d'être des ennemis politiques, il s'est retrouvé à lui rendre service.

Mais si vous y réfléchissez, la situation en elle-même ne constituait pas cette grande contradiction, cependant il est probable que l'ennemi de l'inventeur l'a perçue comme une situation contradictoire: <u>un sentiment d'antipathie politique d'une part, une tentative d'agir avec sympathie de l'autre.</u>

Lorsque vous entrez en contradiction la plupart du temps, vous ressentez un sentiment de malaise qui pousse la personne qui se trouve dans cette situation à revoir sa pensée.

C'est précisément ce qui s'est passé dans l'épisode narré, dans lequel l'action de prêter le livre a pris une plus grande valeur en termes de désirabilité sociale et personnelle par rapport à une antipathie basée uniquement sur des raisons politiques.

Pour justifier sa générosité, l'ennemi de Franklin a donc dû changer sa vision de l'homme.

Voici donc le technique numéro un pour obtenir ce que vous voulez de votre ennemi:

Lorsque vous pensez qu'une personne peut vous gêner dans la réalisation de vos objectifs, pompez son ego et faites-lui des faveurs. À ce stade, son esprit entrera dans la dissonance cognitive et pour rétablir l'ordre, son cerveau aura tendance à vous faire sentir comme l'ami de cette personne et il vous sera plus facile d'amener votre ennemi à vos côtés.

CONCLUSION

Et nous y voilà, nous sommes enfin arrivés à la fin de ce petit guide sur le langage corporel secret.

Comme vous l'avez vu, être un grand communicateur ne signifie pas seulement «dire les bons mots».

Chaque communication se compose de deux conversations: la communication verbale (ce que nous disons avec des mots) et la communication non verbale (tout ce qui dit notre corps et nos gestes).

Ces deux canaux donnent lieu à deux conversations distinctes et séparées qui ont cependant lieu en même temps et lorsque ces deux conversations sont alignées notre communication est authentique et l'effet sera celui d'une plus grande persuasion avec l'augmentation inévitable de notre charisme.

Si, cependant, les deux conversations ne sont pas alignées, malheureusement, les gens croiront toujours et seulement à la communication non verbale parce qu'elle a la priorité.

Par exemple, si je suis un peu nerveux, cela se reflétera inévitablement sur tout le langage corporel, et le message qui atteint les gens n'est pas celui de la nervosité mais de PAS D'AUTHENTICITÉ.

La plupart d'entre nous, lorsque nous parlons, ne font attention qu'à la première conversation, c'est-à-dire aux mots que nous prononçons.

Pensez-y…

Lorsque vous pensez à la communication, qu'il s'agisse de préparer un discours ou de vendre un produit, de persuader quelqu'un ou de convaincre vos enfants de faire quelque chose, vous pensez rarement à votre deuxième conversation, c'est ce que dit votre corps.

Sachez que lorsque la communication n'a pas les effets que nous voulons, quand nous n'obtenons pas ce que nous voulons, quand personne ne semble vraiment nous écouter, alors probablement les deux conversations sont entrées en conflit.

Peut-être que nos mots étaient sincères, mais si notre corps dégageait de la nervosité, nous avons raconté une toute autre histoire.

Maintenant, il y a des nouvelles ici qui peuvent être à la fois bonnes et mauvaises (cela dépend du point de vue à partir duquel nous les observons).

Commençons par le bon ...

Nous sommes tous inconsciemment capables de décoder le langage corporel.

Nous l'avons appris très tôt, lorsque notre survie dépendait de la nourriture, de l'amour, d'un abri et de couches propres.

Notre première langue était précisément la langue non verbale.

Même avant le développement du mot qui vient plus ou moins à partir de 2 ans, nous avons communiqué avec des gestes et des expressions faciales, et à partir de ce moment, nous avons toujours accompagné chacun de nos mots d'un geste ou d'une expression.

La mauvaise nouvelle est que peu de gens savent décoder le langage corporel de manière consciente, tous les autres tirent des impressions et des jugements de manière inconsciente.

Et voici le problème!

Lorsque nous tirons des conclusions involontaires, nous faisons des jugements sur la personne qui peuvent ne pas être corrects.

C'est comme dans l'exemple ci-dessus; les gens peuvent croire que vous êtes faux ou que vous cachez quelque chose alors que vous êtes juste un peu nerveux, ou peut-être embarrassé.

Comment avez-vous vu que l'apprentissage du langage corporel et de la communication non verbale est facile!

Cela ne demande que de l'attention et de l'exercice.

Au fur et à mesure que vous devenez plus conscient de votre langage corporel et commencez à appliquer les conseils que j'ai partagés avec vous dans ce livre, vous obtiendrez une communication plus persuasive, plus charismatique et plus influente et vous aurez un avantage concurrentiel que très peu de gens ont!

Ce qui est surprenant à propos du langage corporel, c'est que la plupart du temps, c'est un petit changement qui a un fort impact sur le monde qui nous entoure.

C'est pourquoi, en vous disant au revoir, je vous invite à aller de l'avant, à commencer à utiliser et à lire le langage corporel.

Cela commence aussi par de petits gestes si vous le souhaitez, mais faites-le!

N'oubliez pas de desserrer vos bras lors d'une réunion vous fera paraître plus ouvert et collaboratif ...

En dirigeant votre corps vers la personne à qui vous parlez, vous vous sentirez plus accepté et écouté ...

Garder le langage corporel ouvert pendant quelques minutes avant une réunion importante vous fera apparaître et vous sentir plus en confiance.

L'objectif est de créer de bonnes habitudes de langage corporel afin de communiquer automatiquement et AUTHENTICEMENT exactement ce que vous voulez dire!

À la prochaine.